Tilmann Moser
Zuversicht und Resignation

Dieses Thema tauchte in der Ausbildung bisher höchstens am Rande auf, obwohl es besonders für Kandidaten und jüngere Kollegen bedrückend sein kann, mit langwierigen Folgen für Wochen, Monate oder Jahre. Oft geht es um Selbstzweifel, Verunsicherung, Depression, Schuldgefühle, ja Unlust am Beruf, wenn die Katastrophen sich häufen. Mancher hat sogar schon angesichts der Enttäuschungen oder Selbstzweifel den Beruf aufgegeben.

Psychotherapeuten sind mindestens so kränkbar wie normale Menschen, obwohl sie emotionale Katastrophen in langen Lehrbehandlungen und mit einfühlsamer Begleitung mehrfach durchgearbeitet haben sollten. Die Qualifizierten setzen sich geübt und sogar regelmäßig auch verwirrenden Phasen aus und sind es gewohnt, über therapeutische Verstrickungen zu reflektieren oder zu grübeln. An deren Lösungen wollen sie weiter wachsen und schließlich ernten. Doch ein tadelnder oder wortloser Abbruch bedeutet eine andere Wucht der beruflichen Tauglichkeitsprüfung.

Tilmann Moser, Dr., Psychoanalytiker, Studium der Literaturwissenschaft in Tübingen, Berlin und Paris, journalistische Ausbildung, danach Studium der Soziologie. 1969–1978 Dozent an der juristischen Fakultät der Goethe-Universität in Frankfurt a. M. Seit 1978 private Praxis. Buchpublikationen zu Psychoanalyse, Nationalsozialismus, Körperpsychotherapie, Religion. Bei Brandes & Apsel erschienen: *Großmütter, Mütter und Töchter. Psychoanalytisch-körpertherapeutische Fallgeschichten* (2017), *Verbal – Präverbal – Averbal. Psychotherapie an der Sprachgrenze* (2018).

Tilmann Moser

Zuversicht und Resignation

Vom Umgang mit bedrohten Psychotherapien

Brandes & Apsel

Auf Wunsch informieren wir Sie regelmäßig mit unseren Katalogen
»Frische Bücher« und »Psychoanalyse-Katalog«. Wir verwenden Ihre
Daten ausschließlich für die Zusendung unserer beiden Kataloge laut der
EU-Datenschutzrichtlinie und dem BDS-Gesetz. Bitte senden Sie uns
dafür eine E-Mail an info@brandes-apsel. de mit Ihrer Postadresse. Außerdem finden Sie unser Gesamtverzeichnis mit aktuellen Informationen im
Internet unter: www. brandes-apsel. de sowie www. kjp-zeitschrift. de

1. Auflage 2020

© Brandes & Apsel Verlag GmbH, Frankfurt a. M.
Alle Rechte vorbehalten, insbesondere das Recht der Vervielfältigung
und Verbreitung sowie der Übersetzung, Mikroverfilmung, Einspeicherung
und Verarbeitung in elektronischen oder optischen Systemen, der öffentlichen Wiedergabe durch Hörfunk-, Fernsehsendungen und Multimedia
sowie der Bereithaltung in einer Online-Datenbank oder im Internet zur
Nutzung durch Dritte.
DTP: Brandes & Apsel Verlag
Coverabbildung: pixabay
Druck: STEGA TISAK d. o. o., Printed in Croatia
Gedruckt auf einem nach den Richtlinien des Forest Stewardship
Council (FSC) zertifizierten, säurefreien, alterungsbeständigen
und chlorfrei gebleichten Papier.

Bibliografische Information der Deutschen Nationalbibliothek:
Die Deutsche Nationalbibliothek verzeichnet diese Publikation
in der Deutschen Nationalbibliografie; detaillierte bibliografische
Daten sind im Internet über www. ddb.de abrufbar.

ISBN 978-3-95558-288-3

Mit Dank gewidmet meiner Freundin
und hochkompetenten Lektorin Ulla Huggle

Inhalt

Patienten und Therapeuten in Aufruhr 9
Eine Begegnung 14
Zwischen großer Nähe und kühler Distanz 18
Der neue Trend der »Fehlerkultur« 20
Herkunft, Bedeutung und Rechtfertigung
der Fallgeschichten 24

Die Fallgeschichten **27**
Das Raben-Skript 28
Unbewusste Körpererinnerungen 33
Misslingen und Scheitern:
ein zentrales Thema in der neueren Publizistik 40
Georg oder die Angst vor der eigenen Winzigkeit 43
Abschiedsangst 48
Eine teilweise missglückte Supervision 53
Abschied durch Enttäuschung, Missmut, Zorn,
Hass, Katastrophe 58
Wanderwut und Wandersehnsucht 65
Von der Ehefrau erzwungener Abschied 67
Abbruch aus Angst vor der Wiederkehr
des Traumas: Säuglingspanik 71
Schlag nach bei Zwiebel 77
Der Beginn der vierzigsten Stunde 78

Abschied auf Raten	81
Längste Therapie, längste Zweifel, längstes Chaos und längster Abschied	84
Die ängstliche Ausdünnung einer scheinbar halb gelingenden Therapie	87
Eine ausgefranste Therapie	90
Sanftes Ausschleichen der Analyse in theologische Gespräche	97
Abnehmendes Lebensinteresse: Eine Trennung auf Raten	102
Scheitern durch Rivalität	109
Zwischenfrage: Warum dieses Buch? Eine Rechtfertigung?	113
Abschied wegen Entfernung und Gebrechlichkeit	116
Abschied wegen beiderseitiger Ermattung	119
Gutes, wenn auch unvollendetes Ende	124
Verzweifelter Widerstand und mangelnde Introspektion	131
Abbruch wegen »mangelnder Sensibilität« von mir	135
Ausstieg aus dem Jammertal und später gutartiger Abschied	139
Vatersuche und befremdendes Ende	145
Der Sieg der bösen Introjekte	151
Bilanz	159
Schlussgedanken	162

Patienten und Therapeuten in Aufruhr

Auch wer nur wenige Jahre als Psychotherapeut oder Psychoanalytiker gearbeitet hat, kennt die Verwirrung, wenn Patienten die oft langjährige Psychotherapie – angekündigt oder nicht, kurzfristig oder plötzlich – abbrechen, verlassen oder grußlos, enttäuscht oder zornig verschwinden. Der Psychotherapeut bleibt ratlos, verwirrt, geschockt, beleidigt, vergrämt, erleichtert, verzweifelt zurück, rätselt und grübelt, denkt und versucht, sich an die letzten Stunden, Tage, Wochen, Monate oder Jahre zurückzuerinnern. Er oder sie[1] konsultiert seine bzw. ihre Notizen oder ausführlichen Unterlagen. Scham, Enttäuschung, Wut, Versagensgefühle, Fehlerfahndung usw. können ihn heimsuchen oder quälen. Die nächsten Stunden oder Tage mag er niedergeschlagen verbringen. Er sehnt sich nach Einsamkeit, Trost, aber auch nach Gesprächen mit jemand Vertrautem, Kompetentem, bei dem er sich ausweinen, aussprechen, auswüten kann. Oder er denkt an seine Intervisionskollegen, so er welche hat, oder an den aktuellen oder früheren Supervisor, falls die noch für ihn offen sind für Beratung; manchmal auch an seine Gattin, der er manches über den Flüchtigen erzählt haben mag und die weiß oder ahnt, wie nahe er ihm stand. Aber oft überwiegt die Scham in einem Maß, die ihm den Weg in die schmerzliche Offenbarung von möglichen Helfern verbaut.

Falls noch ein Abschiedsgespräch oder -gespräche stattgefunden haben, bleibt er wenigsten in Kenntnis einiger Motive oder vorgeschobener Gründe. Er versucht, die Gefühlslage des Abbrechers zu erspüren, riskiert einige Ermahnungen, Warnungen oder Deutun-

---

[1] Ich bin mir sehr bewusst, dass Psychotherapie zu mehr als 80% von Kolleginnen ausgeübt wird. Da in diesem Buch meine Erfahrungen in kritischer Selbstreflexion mehr im Mittelpunkt stehen, möchte ich über weite Strecken im Buch bei der männlichen Form bleiben; ich bitte um Nachsicht.

gen. Er fragt sich, ob die Katastrophe erwartbar oder überfallartig hereinbrach, ringt um Fassung, flucht oder weint oder atmet auf, je nach Lage der seelischen und übertragungsbedingten Gefühle. Er wundert sich über die Stärke seiner Affekte und prüft die aufschießenden Stadien der Gegenübertragung oder gerade aufblitzender eigener Übertragungsfetzens, die ja auch einmal aufbrechen dürfen. Und der Verlassene geht traurig oder gekränkt die letzten Worte des Patienten durch, die da lauten können (eigene Erfahrungen und viele Inter- und Supervisionen): »Ich habe genug; mir reicht's; ich muss endlich selbständig werden; ich komme nicht mehr; versuchen Sie keine Umkehr meines Entschlusses; bitte keine weitere Kontaktaufnahme.« Man kriegt aber auch Freundliches zu hören: »Ich verdanke Ihnen viel; ich gehe gestärkt hinaus ins Leben und erprobe mich, ich habe immer gestaunt, wie viel Sie kapiert haben.« Aber dann wieder: »Ich habe genug Geld und Zeit und Hoffnung verloren; Sie haben mich nicht verstanden; Sie haben mich enttäuscht; Sie ahnen nicht, wie groß meine Hoffnung auf Sie war.« In buntem Wechsel: »Es bleiben viele Rätsel; Verwandte und Freunde hatten mich ja gewarnt; vielleicht melde ich mich später wieder, bei einem Rückfall, oder wenn ich heirate und Sie einlade. Ich brauche eine Pause; ganz habe ich Ihnen nie getraut. Sie waren der erste Mensch, dem ich voll vertrauen lernte; mein Leben ist voller und schöner geworden; Depression und Leere sind noch längst nicht verschwunden. Danke, Sie waren mein Retter, oder haben mich noch tiefer ins Elend gestürzt; auf jeden Fall: nichts wie weg, ob Sie es nun verstehen oder nicht; was soll's, ein Bruch oder Abbruch mehr im Leben, na und!« Gehörte Abschiedsworte oder -gedanken, gemurmelt oder halb verschluckt. Alles besser als das Rätsel des schweigenden Verschwindens.

Doch es gibt ja auch die umgekehrten Brüche: Wenn der Therapeut sich gezwungen sieht, ermattet, verärgert oder resigniert eine Behandlung von sich aus, meist schweren Herzens, zu beenden oder nach den ersten Begegnungen gar nicht erst zu beginnen. Dann reiht sich in der Biographie des Patienten die umgekehrte Katastrophe an, die sich oft an eine einzelne oder eine Serie von biographischen Brüchen und Abbrüchen von früher hängt. Es sind auch »schwere Stunden«, wenn er oder sie einem Patienten den Abschied geben muss. Was sich in dem abspielt, bekommt der Therapeut zum Teil noch mit, durch den Schock, das Weinen, die Resignation oder die Wut des Patienten, die das Aufgeben oder Verabschieden und Rauswerfen des Therapeuten hinterlässt. Oft ist es eine jahrelange Verstörung: »Bin ich zu schwierig, untauglich, nicht behandelbar, war ich nicht geduldig genug oder nicht zäh genug im Leiden oder in der Hoffnung? Ich habe jedenfalls genug von Ihrer Deuterei und klugem Gerede, da sich doch nichts ändert. Dann muss ich mir einen Neuen suchen! Oder er wird mich, erträglicher für ihn, begründet weiterschicken. Meine Freundin rät mir ja seit Langem, endlich zu einem Verhaltenstherapeuten zu gehen, da geht es auch schneller.« Und es kann eine lange Reihe von vergeblichen Anfragen erfolgen, weil er sein Anliegen als gebranntes Kind ungeschickt vorträgt oder weil Therapeuten unter Umständen überhaupt zögern, Abbrecher oder Weggeschickte in Therapie zu nehmen.

In dem Therapeuten mag sich abspielen, vielleicht nach länger errungenem Entschluss: »Das tue ich mir nicht weiter an; es scheint mir aussichtslos; dem bin ich nicht gewachsen; ich mag ihn einfach nicht usw. Ich hätte längst auf meinen Partner oder einen Kollegen hören sollen.« Vielleicht sind auch beide erschöpft oder resigniert, oder die Anfangsdiagnose stimmte nicht. Es gibt auch andere, banalere Gründe: Wegzug, berufliche Veränderungen, Krankheit usw. Dann handelt es sich, auch wenn es vom Patienten anders erlebt werden mag, nicht um Brüche oder Abbrüche, sondern um schicksalhafte Trennungen, um die sich ebenfalls viel seelische Arbeit oder Verzweiflung ranken kann. Auch da mag es traumatische Vorgeschichten von notwendigen Trennungen geben, die ebenso einschlagen können wie eine dem Patienten angetane böse Abwendung.

Hunderttausende von fluchtbedingten traumatischen Trennungen von Kindern von ihren Familien vor, während und nach dem Kriegsende wird es gegeben haben. Zehntausende von Therapeuten ab 1949 waren jahrzehntelang damit beschäftigt. Je nach Alter und späteren schlimmen Folgen hinterließen sie Verstörung, Trauer, innere Spaltungen, Schuldgefühle und Selbstwertkonflikte. Das innere und äußere Wieder-Zusammenfinden der Auseinander-Gesprengten brauchte oft Jahre. Viele Wunden mussten bis heute bluten oder mit ins Grab genommen werden.

In meiner aus drei Kollegen bestehenden kompetenten Intervisionsgruppe mit verschiedenen Therapierichtungen arbeitenden Therapeuten geschah es, dass wir gleichzeitig an ohne Informationen abgetauchten Patienten litten. Wir grübelten zum Trost gemeinsam und blieben einer lastenden Ratlosigkeit und Ohnmacht ausgeliefert. Zum Glück schämten wir uns nicht voreinander angesichts langer Vertrautheit, und so waren die Brüche und Abbrüche, das wortlose Verschwinden leichter zu ertragen, das feige oder zornige oder verzweifelte Wegbleiben.

Dieses Thema tauchte in der Ausbildung bisher höchstens am Rande auf, obwohl es besonders für Kandidaten und jüngere Kollegen bedrückend sein kann, mit langwierigen Folgen für Wochen, Monate oder Jahre. Oft geht es um Selbstzweifel, Verunsicherung, Depression, Schuldgefühle, ja Unlust am Beruf, wenn die Katastrophen sich häufen. Mancher hat sogar schon angesichts der Enttäuschungen oder der aktivierten Selbstzweifel den Beruf aufgegeben. Psychotherapeuten und Psychoanalytiker sind mindestens so kränkbar wie normale Menschen, obwohl sie emotionale Katastrophen in langen Lehrbehandlungen und mit einfühlsamer Begleitung mehrfach durchgearbeitet haben sollten. Die Qualifizierten setzen sich geübt und sogar regelmäßig auch verwirrenden Phasen aus und sind es gewohnt, über therapeutische Verstrickungen zu reflektieren oder zu grübeln. An deren Lösungen wollen sie weiter wachsen und schließlich ernten. Doch ein tadelnder oder wortloser Abbruch bedeutet eine andere Wucht der beruflichen Tauglichkeitsprüfung.

Wenn ein vom Abbruch betroffener Psychotherapeut zur Tröstung oder zur Supervision zu mir kommt, lasse ich ihn zuerst berichten, würdige seinen Zorn oder seine Trauer, seine Versagensgefühle oder die verzweifelten Selbstanklagen. Dann biete ich ihm an, in Form einer Konfrontation auf dem »leeren Stuhl« (Fritz Perls) zum verlassenen Kollegen zu sprechen. Das geht zuerst zögerlich und stockend, dann aber können Tränen kommen oder selbstmitleidige, zornige, verwünschende, ja hasserfüllte Sätze. Im Rollenwechsel dann die Rechtfertigungsversuche, bittere Deutungen, zu spät geäußerte und nachgelieferte Kombinationen oder Rekonstruktionen, die – rechtzeitig verabreicht – vielleicht noch geholfen hätten, wenn sie nicht schon getränkt waren von den verschiedensten Tonarten des Vorwurfs oder der eingetretenen Kühle als Reaktion auf Angriffe oder undurchdringlichen Widerstand.

Ein gemeinsames verstehendes Durchsprechen der Katastrophe ist mit ihm oft nicht mehr möglich. Mein Lehranalytiker, den ich sehr geliebt und bewundert hatte, sagte nach einer bitteren und für beide enttäuschenden Endphase der Analyse: »Ja, das ist traurig, aber meine Erfahrung mit Ihnen kommt späteren Kandidaten mit hoffentlich leichteren Diagnosen zugute.« Ich fühlte mich resigniert verabschiedet und stürzte selbst in eine viel tiefere Resignation.

Genauere Vorgespräche, ein besseres Hinhorchen bei erneuerter Arbeit auf erahnbare Bruchstellen der Beziehung werden von jedem einzelnen Partner individuell oder auch gemeinsam beschlossen. Rechtzeitige Supervision oder Intervision wird vereinbart, gar gefordert oder versprochen, doch der stille Haupttrost der Therapeuten mag lauten: »Ich habe besten Willens und mit bester Vorbereitung gearbeitet, spüre jetzt auch ein Stück Läuterung oder Nachreifung. Wenn ich eines der neueren höchst klugen Bücher über Fehlervermeidung und Fehlerkultur lese, wird es auch bei mir mit der stets verlangten Steigerung meiner Kompetenz schon einen guten Ausgang geben.«

Eine Begegnung

Zur Einführung in das Gesamtproblem »Schmerzliche Abschiede« möchte ich eine einmalige einstündige Begegnung[2] mitteilen: »Der Preis einer Verstoßung aus der Therapie«. Eine mir unbekannte, offensichtlich ältere Dame fragt an, ob ich sie für eine einzige Stunde empfangen könne, es gehe nur um ein wichtiges Kennenlernen, nicht um Therapie. Sie verschob das Terminangebot einige Male. Als sie endlich an einem heißen Tag und nach halbstündigem Weg vom Bahnhof kommt, scheint sie erhitzt und ist dankbar überrascht, als ich ihr ein Glas gekühltes Wasser anbiete. Sie setzt sich in den

---

2 Alle Personen sowie deren persönliche Daten und Kontexte in diesen Falldarstellungen, Supervisionen bzw. Intervisionen sind nach nationalen und internationalen Standards und Vereinbarungen für wissenschaftliche Fachpublikationen vom Autor anonymisiert worden.
Die Texte der wichtigen Septemberkonferenz 2019 im Sigmund-Freud-Institut zum Thema »Vertraulichkeit und Veröffentlichung« liegen inzwischen gedruckt vor (*Psyche*, 74, 2020). Es heißt im Editorial: »Die Fragen des veröffentlichenden Umgangs mit vertraulichen Inhalten sind heute brisanter denn je. Die digitalen Medien erhöhen die Bereitschaft, aber auch den sozialen Druck, der Welt Privates mitzuteilen; zugleich ist die Verbreitung solcher Mitteilungen kaum noch zu kontrollieren. Die zunehmende Sensibilität hierfür, die sich auch in strikteren juristischen Handhabungen äußert, lässt es immer schwieriger werden, klinische Berichte zu veröffentlichen.« (S. 473) Die Konferenz mühte sich anhand tiefschürfender Vorträge, neue Maßstäbe zu finden, kam aber nicht zu einer einheitlichen Meinung oder Richtlinie, sondern zu dem Schluss, dass die Entscheidung in der Verantwortung jedes einzelnen Forschers liegt, mit welcher Absicherung bei den Patienten er publiziert: mündlich, schriftlich oder in angenommener, unausgesprochener Einwilligung oder eben durch maximale Anonymisierung. Letzteres habe ich so gründlich wie möglich versucht. Dennoch ist es möglich, dass Einzelne sich in den Texten wiedererkennen. Mehr war mir nicht möglich. Ich übernehme also die volle Verantwortung für die Risiken dieser Publikation und bitte alle Betroffenen und alle Kollegen um Verständnis, in dem gemeinsamen Anliegen einer weitergehenden Forschung, auch bei den »schmerzlichen Abschieden« aus schwierigen oder bedrohten Behandlungen.

mir gegenüberstehenden Sessel und schweigt, auch als ich nachfrage, ob sie erst mal befangen sei. Nein, sagt sie, aber so gehe das nicht, und bittet zu meiner Überraschung: »Darf ich Sie berühren?« Die Stimmung ist ob des Überfalls ein wenig beklommen, und auf meine Rückfrage, was das bedeute, sagt sie sehr bestimmt: »Das erkläre ich Ihnen später.« Eine Verneinung wäre, das spüre ich, eine bedrohliche Abweisung. Da steht sie schon auf, kommt auf mich zu und streckt mir beide offenen Hände entgegen. Spontan greife ich zu, sie scheint erleichtert, hält meine Hände gut eine Minute wortlos fest, bis ich sage: »Gibt es jetzt eine Erklärung?« Darauf sie, zuerst noch scheu: »Können wir die Plätze tauschen?« Ich: »Würde das uns beim Sprechen helfen?« Sie: »Nein, aber es ist dringend.« Da in manchen Therapien in seltenen Fällen ein solcher Platzwechsel eine wichtige Bedeutung haben kann, ist mir die Frage vertraut: Manchmal möchte ein Patient dringend erkunden, wie ich mich auf meinem Sessel ihm oder ihr gegenüber fühle und wie ich sie »drüben« erlebe; ob die Asymmetrie der Rollen einen tieferen Sinn hat und ob in der Sitzordnung etwas Demütigendes besteht. Sie staunt fast erschrocken, als ich ihren Wunsch erfülle, und greift dann noch inniger und etwas länger nach meinen Händen, wobei es unklar bleibt, ob sie eher *mich* oder ich sie berühre. Jetzt verwandelt sich die Atmosphäre in etwas Feierliches, mir fallen heilende Berührungen durch die Gestalt Jesu ein, aktiv wie passiv, und alles Befremdende verschwindet.

Sie erscheint wie am Ende einer langen Wallfahrt zu mir. Als wir uns wieder umgesetzt haben, beginnt eine lange Klageerzählung zu strömen. »Ich stamme von einem Bauernhof, es wurde dort weder gefühlt noch geredet, ich bin mir selbst fremd ins Leben gegangen, die Schule war eine Erlösung.« Weiter gerafft: »Trotzdem habe ich die mittlere Reife geschafft, als Hilfssekretärin viele Jahre voll gearbeitet, geheiratet, zwei Kinder nebenher großgezogen, weil mein Mann wenig verdient und getrunken hat. Die Scheidung wurde von mir eingereicht, mit viel Schuldgefühl, als hätte ich versagt beim Versuch, ihn zu retten. Als er weg war, fiel ich in eine tiefe Depression, aber wenigsten hörte das gegenseitige Anschreien auf. Doch auch ich konnte das Schreien nicht mehr lassen, ich war so verletzt und kränkbar, und irgendwann riet mir jemand zu einer Therapie. Ich fand einen sympathisch erscheinenden jüngeren Therapeuten. Er hat mir sehr geholfen, mich zu entdecken und zu beruhigen, ich fühlte mich gesehen und geborgen, fast drei Jahre, bis zum Augenblick der Katastrophe: Ich merkte, dass ich mich in ihn verliebt hatte, ich war bestürzt und mir fremd, doch es drängte mich aus Angst zu einem Bekenntnis und ich rief ihn an. Nach meinem Geständnis am Telefon kam von ihm nur der knappe Satz: ›Dann müssen wir natürlich sofort aufhören! Leben Sie wohl!‹ Ich war wie vom Donner gerührt, fassungslos, und stürzte für lange Jahre ab. Ich war dann mehrfach in der Psychiatrie, schrie auch dort gelegentlich und legte mich mit den verständnislosen Psychiatern an, die mir schwere Medikamente aufdrängten. Ich kotzte herum, stritt mit ihnen, schrie sie an, ein Pfleger musste mich festschnallen. So lag ich bewegungslos fest, eine Lockerung der Gurte wurde nach nur oberflächlicher Prüfung verweigert. Ich durfte nicht aufs Klo, musste einfach alles loslassen, sie können sich meine Scham vorstellen. Als ich dann doch aufstehen durfte, floh ich mit dem Schrei: ›Ihr seht mich nie wieder!‹ Mein Leben schien zerstört, ich wagte mich nicht zurück in den Beruf. Seither betreue ich ab und zu Flüchtlinge und lernschwierige Nachbarskinder, lebe mit einer minimalen Rente und lerne Bescheidenheit, bin aber stabil und erstaunt, wie viele kleine Freuden es noch gibt. Ich habe eine Regiokarte, wandere viel, gönne mir einmal im Monat Kino und höre oft Musik.«

Ich fahnde nach Spuren früherer psychotischer Episoden, finde keine einzige, staune über die glaubhafte Gelassenheit, die Klarheit und Schärfe ihres Berichts und das offensichtlich späte zufriedene Dasein. Jetzt endlich darf ich nach ihrer Lebensgeschichte fragen: »Ich war Älteste von sieben Geschwistern, erinnere mich an keine Zärtlichkeit, ja nicht mal an eine Berührung durch meine überforderte und sicher auch depressive Mutter.« Das Wort Berührung klingt aus ihrem Mund so verzweifelt wie ergriffen, sie wischt ein paar Tränen beiseite. Ich frage sie, was ihr Besuch jetzt bedeute. Sie sagt: »Ich bin zufrieden, wie erlöst, ich habe ja manches von Ihnen gelesen, gehofft, dass Sie mich *einmal* berühren und nicht abweisen, und da Sie es getan haben, kann ich gehen.« Ich sage, wir hätten noch Zeit, ob es eine Fortsetzung brauche, sich mit einem einzigen Berühren zufriedenzugeben, komme mir wie Zauberei vor. Sie: »Ich denke nicht mehr an Therapie, ich trage das gerade Geschehene wie einen Schatz mit mir.«

Dass das Erlebnis der Verstoßung aber einen großen Teil ihres Lebens zerstört zu haben scheine, will ich ihr noch erklären: »Die abrupte Trennung durch den Analytiker war vermutlich ein tiefes Trauma.« Doch sie sagt: »Ich konnte ihm nie böse sein, nur sehr weh hat es getan, es war ein Schicksalsschlag, für den er nichts konnte. Alles ist verziehen.« Probeweise identifiziere ich mich mit dem grausamen, vermutlich unerfahrenen Kollegen, der hoffentlich in einer Gruppe seinen Zorn wie sein Versagen und seinen Schock besprechen kann. Zum Abschied sagte ich ihr: »Heute würde man mit einer Verliebtheit in der Therapie anders umgehen, es wie ein Zeichen wiederkehrender Lebendigkeit ansprechen und auf die Altersstufen der Gefühle in der therapeutischen Regression hinweisen.« Trotz meines Angebots eines neuen Termins hörte ich nie mehr etwas von ihr.

Zwischen großer Nähe und kühler Distanz

Dies sind die Pole, zwischen denen unser Sich-Einlassen auf Patienten pendeln kann, konstant oder wechselnd, je nach eigener Verfassung, Übertragung und Gegenübertragung, aber auch mit spontaner eigener Übertragung, mit Zuneigung, Skepsis, glückhaftem Verstehen, rätselndem Suchen, mit Kühle, Begeisterung, Ermattung, Hoffnung und Skepsis. Und dann wieder der Genuss der beständigen Arbeitsbeziehung und ihrer auch wechselnden Schwankungen, zwischen tragender Geduld und mühsam auszuhaltender Unzufriedenheit.

In den letzten Monaten überraschten mich bei zwei neuen, nach jeweils einstündiger Anfahrt angelangten Patienten zwei Äußerungen: Bei einer über vierzigjährigen, aber wie zwanzig Jahre jung wirkenden Musikerin, die mir ihr Leid der Vereinsamung und der Angst vor dem Publikum bei Auftritten geklagt hatte. Ein Gefühl von Mitleid und spontaner Zuneigung überkam mich, verbunden mit einem Impuls sie zu retten. Doch als die Doppelstunde mit tiefem Einblick in ihre leidvolle Herkunft aus erstarrter Familienstruktur zu Ende ging, traf mich fast schockierend ihre bange Frage: »Werden Sie mich jetzt wegschicken?« Da hatte ich sie innerlich bereits akzeptiert und suchte nach raschem Trost in ihrer Verzweiflung und sagte: »Aber nein, ich habe Sie doch schon adoptiert!« Dankbares, beruhigtes Aufatmen.

Und bei einem siebzigjährigen Chirurgen, seelisch um seine Lebendigkeit Betrogenen durch das Aufwachsen in einer überstrengen Sekte mit einem seelisch toten, bigotten Vater äußerte ich in warmer Überzeugung auf eine ähnliche Frage, ob er weiterkommen dürfe: »Ja, Sie haben mein Herz gewonnen.« Beide Therapien sind fruchtbar angelaufen, und ich habe meine überraschende Spontanität in der bereits zustande gekommenen Sympathie nicht bereut.

Nachzutragen ist bei der Musikerin noch, die sich von ihrem wegen Alter und wachsender Krankheit plötzlich aufhörenden Verhaltenstherapeuten gerade zu lösen versuchte: Sie fühlte sich von diesem unvorbereitet und ohne Bilanz und Abschied plötzlich weggeschickt. Sie hatte ihn bewundert und geliebt, als Lebensinhalt in ihrem stark behinderten seelischen Wachstum. Man kann nur hoffen, dass ihr Therapeut auch die Chance hatte, mit einem hilfreichen Kollegen über die Probleme des Verabschiedens seiner Patientin zu sprechen, über seine wachsende Krankheit zu klagen und seine Verzweiflung nicht an seine Patientin weiterzureichen. Ich kam ihr mit einem erneuten spontanen Angebot zu Hilfe bei ihrer in der Übertragung aus jüngster und vielleicht auch uralter familiärer auf sie einstürzender Verlassenheitsangst. Auf ihre bange Frage: »Wie lange werden Sie in Ihrem Alter wohl noch in diesem bergenden Raum zur Verfügung stehen?«, antwortete ich: »Auch wenn ich die hohe Treppe zu dieser Praxis eines Tages nichts mehr hochsteigen kann und Sie brauchen mich noch einige Zeit, dann werde ich sie in meiner ebenerdigen Wohnung empfangen.« Ein nicht gerade korrektes analytisches Angebot. Eine Deutung ihrer Angst wäre vielleicht auf lange Sicht nicht so trostreich agierend gewesen, aber der Angstdruck, der sich plötzlich offenbarte, war zu bedrängend gewesen, sodass ich handelte statt zu deuten. Erst danach konnten wir das Ausmaß ihrer Angst vor dem Verlassen-Werden besprechen. Vielleicht habe ich sie »agierend« vor einer neuen Abbruchkatastrophe bewahrt, weil sie in den korrekten Deutungen nur die Distanzierung von ihrer sie überwältigenden Panik gespürt hätte. Das Agieren hatte auch mich vor einem Misslingen gerettet, über das ich lange nicht hinweggekommen wäre.

Der neue Trend der »Fehlerkultur«

Der Schmerz vieler Psychotherapeuten und Psychoanalytiker über stagnierende, problematische, abgebrochene oder scheiternde Psychotherapien, schließlich ca. ein Drittel, hat zu einem allgemeineren Nachdenken über Probleme des Misslingens vieler therapeutischer Bemühungen in mehreren analytischen Vereinigungen geführt. An vorderster Stelle ist hier der freudsche Lehranalytiker Ralf Zwiebel zu nennen mit seinen Schriften zur Fehlerkultur oder den Gründen zur Häufigkeit von therapeutischen Fehlern, ihrer Unvermeidbarkeit und dem hilfreichen Umgang mit ihnen im Fortgang der Arbeit. Seine Bücher sind wichtig beim Umgang mit der inzwischen oft beklagten Idealisierung der klassischen Methode der Psychoanalyse, in der die theoretische wie therapeutische Fehlerdiskussion eher selten war, außer im stillen Kämmerlein der Lehranalyse oder der verordneten Supervision der Ausbildung wie auch privater Intervision unter Kollegen. Die Befähigung zu seinen strengen Theorien zog er nicht zuletzt aus seiner umfassenden Jahrzehnte langen Tätigkeit als Supervisor in vielen Instituten und Gruppen von reflexionsbereiten Psychotherapeuten und Psychoanalytikern und einzelnen hilfesuchenden Kollegen. Deshalb beschäftige ich mich im Folgenden mit seinen tiefen und bedenkenswerten Einsichten und seinen zutiefst humanen Überlegungen zum schonenden Umgang mit bedauernden oder schuldbewussten realen oder angeblichen Fehlern seiner zahlreichen Schüler. Doch: »Die wachsende klinische Erfahrung, die Zunahme von Beschwerden bei den verschiedenen offiziellen Institutionen und die Erfahrungen der Ethikkommissionen zeigen allerdings, dass eine ›Fehler- und Irrtumstheorie‹ dringend erforderlich ist.« (in: Ralf Zwiebel: *Vom Irrtum lernen,* Stuttgart, 2017) Und weiter: »Welcher Psychoanalytiker kennt nicht die manchmal quälende Frage, ob seine Praxis ausreichend gut sei, welche seiner Entscheidungen sich als falsch, schädlich oder als Fehler herausstellen, auch immer mit dem Bewusstsein, dass es keine endgültige klärende Instanz gibt, dass der Zweifel und die Ungewissheit gleichsam zur existenziellen Situation des Psychoanalytikers gehören.« (ebd., S. 34) Auch bei ihm: »In einem generalisierenden Sinn spricht man von Misserfolgen, Nebenwirkungen und Schädigungen. Speziell fallen darunter Abbrüche der Behandlungen, Verschlechterung der Symptomatik, ernsthafte Krisen (…) bis hin zur Suizidalität oder vollendetem Suizid (…).« Und: »Bin ich (…) verantwortlich oder mitverantwortlich, habe ich einen Fehler gemacht, etwas versäumt, mich geirrt oder getäuscht (…) oder im schlimmsten Fall einen Kunstfehler begangen.« (ebd., S. 14)

Und aus einem anderen Werk: »Ich selbst bin immer wieder verwirrt und betrübt darüber, wie selten ein verstehender Dialog beispielsweise in klinischen Seminaren zwischen Analytikern möglich ist.« (in: Ralf Zwiebel: *Was macht einen guten Psychoanalytiker aus?* Stuttgart, 2013, S. 46) Dann weiter: »Ich selbst erinnere einige sehr schmerzliche Erfahrungen, die eben tatsächlich davon gekennzeichnet waren, dass die eigene Theorie (…), die Fähigkeit, die zugespitzte Situation zu konzeptualisieren und zu verbalisieren, bei allem Bemühen nicht mehr verfügbar war. Man liegt nachts wach, grübelnd und nachdenkend über die verstrickte Situation (…) um sich in Gegenwart des Patienten doch nur wieder verstrickt und sprachlos zu fühlen (…). Es gibt Tage, an denen man nichts spürt, und auch Patienten, bei denen man nichts spürt, wenig Einfälle hat und sich kein lebendiges Verstehen einstellt. Kurz: Man fühlt sich unkreativ, was oft mit dem Gefühl verbunden ist, als Analytiker nicht richtig präsent zu sein, vielleicht zu versagen. Auch können sich Schuldgefühle und Ängste vor der Arbeit einstellen.« (ebd., S. 84–86)

Bei allem Bemühen, für die Gemeinschaft der Kollegen hilfreich zu sein im Erkennen möglicher Fehler, haftet deren bedrohlichem Ausmaß wenigsten für jüngere Kollegen und Kandidaten etwas Angst-Machendes an, das sie umso mehr an scheue Korrektheit und Methodengläubigkeit bindet.

Der neue Trend der »Fehlerkultur«

Doch die schmerzlichsten Gefühle für den Analytiker, die noch vielmehr für die jüngeren und die Kandidaten gelten, entstehen, wenn seine eigenen Wünsche an seine Tätigkeit in gravierender Weise nicht erfüllt werden. Und die heißen: »Wunsch nach Erkenntnis, Verstehen und Realisierung einer förderlichen therapeutischen Beziehung (…) und sekundären Wünschen (…) nach Geliebt- und Bewundert-Werden, nach Anerkennung, nach Sicherheit und Erregung, spiegelnder Resonanz, körperlichem Kontakt oder die aggressiven aktiven und passiven Wünsche (…).« (a. a. O., S. 138) Also eigentlich alles, was entbehrt werden kann in einem zur Abstinenz verpflichteten Beruf.

Wenn die Entbehrung zu stark wird, kann es zu bedrohlichem Unmut kommen, zu Zorn, Bitterkeit, also zu Stimmungslagen, die die geduldige Zuwendung behindern, die Stimmlage verändern und die Deutungen in ihrer wohlwollenden Treffsicherheit schwächen. Sollte die Arbeit daran scheitern und schmerzlich enden, entstehen die bereits erwähnten Versagens- oder Schuldgefühle, die lange nachhallen können. Da nur ein Teil meiner analysierten Fallgeschichten auf eindeutigen Fehlern beruht, mögen die Leserin und der Leser entscheiden, wie er oder sie die Trennung versteht und interpretiert.

Nicht alle auch bedrückenden Trennungen waren beladen mit Versagens- oder Schuldgefühlen, sondern auch mit Verwirrung, Trauer, Verunsicherung, Zorn und wehmütigem Bedauern, von ganz verschiedener Tiefe, Dringlichkeit und Dauer. Es spielten immer wieder auch äußere und innere Anlässe eine Rolle, von denen ich vor allem Eingriffe von Partnern der Patienten, der Kollegen, meine Zweifel und die der Patienten, kassenbedingte Beendigungen, Erschöpfung, Geldmangel, Wegzüge nennen möchte. Auch nicht vorbedachte Explosionen von negativen Übertragungen, die ich beschreiben und diskutieren möchte, tauchen auf. Nicht alles war Misslingen oder Scheitern, sondern auch normales, wenn auch schwer zu ertragendes Lebensunglück von Patienten oder ganz im Gegenteil ausbrechendes Lebensglück in Form von Verliebtheit, das man durchaus als arbeitsbedrohendes Ereignis zu begreifen vermag. Man begrüßt es oder verdammt es, weil es als ein Erfolg der Arbeit, eine Flucht oder ein ernstzunehmender Widerstand verstanden werden kann, gegen die keine Hilfe oder deutende Auseinandersetzung mehr möglich ist. Das wird in diesem Buch anhand von Fallgeschichten diskutiert.

Herkunft, Bedeutung und Rechtfertigung der Fallgeschichten

Die Sammlung stammt aus ganz verschiedenen Quellen im Verlauf der 45 Jahre meiner Praxis: Es sind Niederschriften aus verschiedenen Phasen von Psychotherapien und Psychoanalysen, solchen, die mich besonders beschäftigt haben, theoretisch wie behandlungstechnisch, oder durch die Art der zum Teil schmerzhaften Beendigung, durch Unsicherheit, Stagnation, Irritation und natürlich durch die »schmerzlichen Abschiede« und deren Nachwirkungen in mir. Bei manchen handelt es sich als Ausgangspunkt sogar nur um Teile der Antragsbegründungen für die Kassengutachter. Einige davon zeigen noch die stilistische Unsicherheit der frühen Texte. Wie bei allen einzelnen kürzeren Fallgeschichten habe ich diese anonymisiert nach Paragraph 3 BDSG, noch vor der gesetzlichen Verschärfung des Datenschutzes, also ohne Rückfrage oder gar schriftliche Einholung der Erlaubnis des Abdrucks. Diese selbst ist von verschiedenen prominenten Kollegen, die hinsichtlich der neuen Forschungsmöglichkeiten nachgedacht oder publiziert haben, als durchaus forschungsfeindlich bezeichnet worden. Die riskante Publikation ist ohne die Formulierung klarer Regeln in der Verantwortung der Kollegen belassen worden. Es blieb also bei einer individuellen differenzierten und sorgfältigen Überlegung.

Für meine in Buchform erschienenen sechs großen Fallgeschichten hatte ich nicht nur die damals noch nicht erforderliche schriftliche Zustimmung eingeholt, sondern nur ein eindeutiges mündliches Einverständnis erlangt. Zum Teil hatten die Patienten sogar an den Texten mitgearbeitet oder sich später sogar stolz dazu geoutet.

Diesmal liegt der Fall komplizierter: Die Texte sind zum Teil länger als erweiterte Vignetten, zum großen Teil zentriert auf schwierige Beendigungen, möglicherweise beschämend für sie und mich. Sie sind trotz sorgfältiger verfremdender Legendierung vielleicht kenntlich für die Betroffenen selbst oder für intim nahe Freunde, Partner oder aus Intervisionen vertrauten Kollegen. Allen Betroffenen möchte ich hiermit herzlich Abbitte leisten, falls es zu strengem Befremden, Kränkung, zunftgemäßer Verurteilung oder gar juristischen Vorhaltungen kommen sollte.

Ich habe mein Vorhaben mit einer Reihe von befreundeten Kollegen besprochen, einige rieten mir ab als zu riskant und gefährlich, andere bestätigten mich im Gegensatz dazu als mutig und verantwortungsvoll. Doch alle waren sich durchweg einig, dass es sich um ein wichtiges, möglicherweise längst überfälliges Thema handle. Denn nicht einmal Freud hat für seine zahllosen langen und kurzen »Fälle« therapeutische Bilanz gezogen. Das blieb wohlwollenden oder kritischen Nachfolgern vorbehalten, wobei ihm immer der theoretische Fortschritt vor der Heilung das Wichtigste gewesen war.

Die Fallgeschichten

Das Raben-Skript

Vor zehn Jahren rief mich ein ca. 55-jähriger Künstler an, mit depressiver Stimme und dem Anliegen, er wolle einen letzten Versuch von Therapie oder Analyse machen, nachdem er in den letzten Jahren an die 20 Psychiater und Psychoanalytiker gebraucht, konsultiert, vergrätzt und einige auch über Monate oder wenige Jahre als Privatpatient aufgesucht habe. Er könne sie mir alle nennen, wenn ich das möchte, außerdem überlege er, ein Buch der Rache über sie zu schreiben, falls er noch die Kraft dazu habe. Eine gewisse Bitterkeit war unverkennbar. »Doch ich habe Bücher über Psychoanalyse in Verbindung von Gestalt- und Körperpsychotherapie von Ihnen gelesen, Sie könnten es mit mir schaffen.« Einfühlung, ein Stück Mitleid, Rettungs- oder Größenphantasien von mir waren angesprochen. Als er von der Bahn kam, glich seine Leichenbittermiene dem Wetter, er war leicht durchnässt und akzeptierte eine wärmende Decke um sich.

Er schilderte fast routiniert und gekonnt, flüssig und analytisch informiert sein Leiden, das ich gekürzt wiedergebe: Jüngster Sohn von fünf Geschwistern, eigentlich gar nicht mehr erwünscht von einer kühlen, kränklichen und stets leicht depressiven Mutter, eben brav katholisch gezeugt, und einem Vater, sehr wohlhabend, biologischer Forscher und Besitzer einer eleganten Villa in exklusiver Gegend. Er brachte ein schwarzes Riesenpaket von einer durch ihn verfassten Biographie mit und als Herausgeber einer geordneten riesigen Sammlung der international anerkannten Schriften eines ebenso international tätigen Großvaters.

Er war stets schwarz gekleidet und deutlich übergewichtig und hielt, etwas haltlos im Leben stehend, sich dauernd an seinen eigenen Händen oder Armen fest. Hervorstechend ist der ewig mahnende, unberührbare und ehrgeizige Vater (auch für seine Kinder!), der ihn, als Beinahe-Schulversager, »im Komplott mit der Mutter« in ein

katholisch-strenges, von Priestern und Nonnen geführtes Internat für
»erziehungsschwierige Söhne« der gehobenen Stände abgab. Trotz
der Fremdheit zuhause litt er an unsäglichem Heimweh, kehrte von
den Ferienaufenthalten aber ernüchtert in das Heim zurück, in Latein
und Griechisch durchaus gebildet, »zwischen Skylla und Charybdis
lebend«.

An sein Lebenselend bin ich, ihn anders als klassisch mit Einfühlung und Deutungen fütternd, analytisch-gestalttherapeutisch herangegangen, mit einigem Erfolg. Er entdeckte staunend und dankbar seine wirklichen, oft archaischen Gefühle und deren Heftigkeit gegen seine »Hauptfeinde«, nämlich die Eltern und angeblich »untaugliche Vortherapeuten«, gegen die er »Verachtung und Hass« loswerden konnte zu seiner Erleichterung und zum Schöpfen von neuer Hoffnung. Doch zwei Mal unterbrach er die Therapie enttäuscht und zornig-schmollend, zunächst ohne Hoffnung auf Wiederkehr auf meiner Seite. Und doch kehrte er zweimal nach längerer Pause zurück, beim letzten Mal mit dem Anruf: »Ich habe noch einen Truthahn mit Ihnen zu rupfen, also wappnen Sie sich!«, aus dem nach einer Wutrede gegen meine fehlende Kompetenz und seinem Staunen, dass ich mich dieser gewachsen fühlte, fast ein Schnurren auf der Couch wurde. Ich war inzwischen viel weitergekommen in der analytischen Körpertherapie, und er hatte sich, Hoffnung schöpfend, darüber belesen. »Ich will, dass wir das an mir erproben.« Ich bot ihm, der sich brav hinlegte, meine Hand an, nach der er dankbar griff, bis er eines Tages schimpfte: »Das ist mir zu wenig!« Also: Es ging ihm um stärkere und bergende Berührung.

Ich legte ihm zunächst – nach vorausgehender Erklärung über die Bedeutung dieser Haltung von Müttern mit verzweifelten Kleinkindern – meine Hand auf die Brust, mit der Folge, dass er aufatmete, sich beruhigte und verschämt zu weinen begann. Nach mehreren Stunden mit dieser »ersten Wunderkur« rollte er sich zu meiner Seite zusammen, drückte sich an mich und bat dringend, meinen Arm um seine Schulter zu legen. Es war spürbar ein Notruf aus der Tiefe seiner Verlassenheit, und er genoss das neue Setting mit wachsender Zufriedenheit und fortschreitender Regression. Aber da ich es nicht bei der Wunderheilung durch nachholende Geborgenheit belassen wollte, suchte ich mein Wissen und meine Selbsterfahrung im Umgang mit dem »inneren Kind« zusammen, wie ich es vielfach gesehen und selbst erfahren hatte, in zwei meiner vier Kliniken, die ich in Abständen wegen erheblicher Depression aufgesucht hatte. Auch wenn er neu verstört und niedergeschlagen vom Bahnhof kam, fuhr er gestärkt und zuversichtlich wieder weg.

Das innere Kind bei Traumatisierten
Es soll erkannt und aus seiner Verbannung, Vereinsamung, Verachtung, ja sogar dem Hass auf sich selbst geholt werden, um es neu wahrzunehmen, neu zu adoptieren und mit eigener Mütterlichkeit und Väterlichkeit zu versorgen. Ich gab diesem Patienten einen kleinen Bären als neues Selbstbild zu halten, er nahm ihn zu sich wie einen bedrohlichen Fremdkörper, hielt ihn fast angewidert zwischen seinen Beinen hängend mit der Frage: »Was soll ich mit dir?« Ich erklärte ihm, dass er lernen möge, sich mit ihm anzufreunden, sich um ihn zu kümmern, ihn vielleicht zu adoptieren. »Was? Mit dem Krüppel!« Und er beschimpfte ihn als bedrohlichen, verfaulten Teil seiner selbst. Ich war fast den Tränen nahe bei dieser Verfluchung, doch ich wusste, wie es um ihn stand, und mit wie viel Kraft er diese Nahezu-Missgeburt in sich zu verleugnen versuchte: »Wenn ich ihn so verachtet bei Ihnen baumeln sehe, wird mir ganz elend. Dann adoptiere ich ihn erst einmal selbst.« Ihm blieb der Mund offen, aber er schaute neugierig zu, wie ich ihn auf meinen Schoß nahm und streichelte. Ich: »Können Sie einmal versuchen, ihn anders zu halten?« Er, mit donnerndem Nein: »Nie, im Leben!« Als er wieder lag und ich ihn an der Schulter schützend berührte, nahm ich den Kleinen sanft zwischen meine Beine und sagte: »Der braucht so was auch.« Ich: »Ich habe Sie ja auch in Pflege genommen, vielleicht sogar adoptiert.« Zwei dünne Tränen. Und es gelang ihm später, ihn

selbst auf seinen Schoß zu nehmen. Am Ende der Stunde sagte ich: »Sie können ihn mitnehmen.« Er, trotzig: »Nein, ich kaufe mir selbst einen!« »Wo wollen Sie ihn zuhause hinsetzen?« »In eine dunkle Ecke!« »Nein, er braucht einen sichtbaren Sonderplatz.« »Sie spinnen mal wieder.« Doch er berichtete später, dass er Versuche mache, sich ihm zu nähern. Ich »Wie schlafen Sie eigentlich?« »Manchmal erst im Morgengrauen, und schlecht genug.« »Sie sollten ihn mit sich ins Bett nehmen. Dort könnte er vielleicht gesunden.« »Jetzt spinnen Sie schon wieder!« Doch das neue Setting hatte ihm eingeleuchtet. »Gut ich probier's.« Er schien mir Fortschritte zu machen. Doch eines Tages, ein paar Stunden vor unserer Doppelstunde, ein ruppiges kurzer Anruf: »Ich komme nicht mehr!« – und aufgelegt.

Ich war bestürzt und traurig, gemischt mit Wut. Er nahm nach ein paar Tagen bei einem Anrufversuch meinerseits nicht ab, schickte meinen auf bilanzierenden Abschied drängenden Brief ungeöffnet zurück und strich meine Mailnummer in seinem PC.

Meine mich selbst tröstenden Mutmaßungen: Er hatte schon mehrmals über die »verdammte Dauer« der Therapie geklagt. Er entließ seinen »Chauffeur«, einen alten Freund, der ihn lange Monate im Auto gebracht hatte und bei dem er während der langen Rückfahrt im Dunkeln im Fond schlafen konnte. Er hatte mehrmals widerwillig geäußert: »Sie machen und wollen mich bloß klein haben. Von meinen Werken (schwere Eisenplastiken) reden wir nie und dass ich auf eine Ausstellung zuarbeite, und auch nicht davon, dass ich keine Freundin finde.« Das zukunftsträchtige »Spiel« mit dem kleinen Bären als sein Stellvertreter erschien ihm plötzlich wieder kindisch, er beschuldigte mich mehrfach für meinen neuen »Körpertherapiespleen«. Ich ließ ihn sich beklagen und nahm noch keine Gefahr wahr vor dem plötzlichen kalten Abschied. Noch immer hoffe ich, seit zwei Jahren, auf eine Wiederanknüpfung, wie ich sie drei Mal erlebt hatte.

Weitere Gedanken hierzu: Die Tiefe seines Traumas erschreckte ihn. Er war über eine Deutung, die er unzutreffend fand, sehr gekränkt und wollte keine Entschuldigung annehmen. Er ging auf die sechzig zu und hatte geklagt: »Immer noch nicht geheilt! Wenn ich gedeihen würde, haben *Sie* doch den Gewinn und den Stolz, und ich führe trotzdem mein kümmerliches Leben weiter.«

Ich trauere immer noch um ihn und mein unvollendetes Werk, an das ich, vielleicht zu euphorisch geworden, glaubte. Es war eine tiefe, fast brüderliche Sympathie entstanden – ich hätte ihn später einmal auch in seiner Werkstatt besucht. Schon die früheren zwei anklagenden Beendigungen hatten mich traurig hinterlassen, doch ich blieb in gewisser Weise zuversichtlich, und mit Recht. Doch diesmal klang der Abschied apodiktisch klar, kurz und wie unwiderruflich. Trotzdem warb ich weiter um ihn, bis ich merkte: vergeblich. Es muss wohl ein Hass auf die regressive Bindung entstanden sein, und die Angst, überhaupt nicht mehr von mir loszukommen, was nicht zuletzt seine Würde und den Wunsch nach erwachsener Autonomie infrage stellte.

Meine mich tröstenden Vermutungen: Die analytische Körpertherapie hatte ihn auf so heilende wie beunruhigende Regression immer wieder in das Zentrum seiner übereinander geschichteten Traumata geführt, die ihn regelmäßig überfielen und nie endgültig vorbei zu sein schienen. Ein archaischer Selbstschutz vor plötzlicher Trennung, Verleugnung und Verdrängung sollten ihn beruhigen und die Dämonen in eine Gruft einsperren, aus denen sie doch immer wieder ängstigende, nächtliche Klopfzeichen sendeten. Seine immense schwarze Kassette mit Biographie und Schriften seines Großvaters steht mahnend auf meinem Schreibtisch und dient als Unterlage für eine kleine Bronzeplastik, die Trauer und Depression meisterhaft abbildet. An meiner anhaltenden Trauer merkte ich, dass ich vielleicht an der Nichterfüllung meiner eigenen Wünsche gescheitert war.

Unbewusste Körpererinnerungen

Der Körper speichert oft viel mehr und genauere Erinnerungen, sowohl für das Baby und das kleine Kind, als ebenso in der Übertragung auch gegen Widerstände abrufbaren und bereits vorsortierten und bewusstseinsfähigen, symbolisierbaren und versprachlichbaren Gedächtnisinhalte. Es gibt auch zu den im Körper gespeicherten, oft tief vergrabenen und beunruhigenden »Niederschlägen« einen Königsweg durch gezielte Berührungen, wenn sie sich in Träumen und beunruhigenden leiblichen Empfindungen melden.

Eine Patientin berichtete, sie erlebe ihren Körper nach mehr als zwei Jahren Analyse weiter als einen unheimlichen Kontinent von Unruhe, Erschöpfung, Spaltung, mit unberechenbaren Stimmungswechseln und schmerzhaften Abstürzen im Befinden. Sie lebe mit dem Rätsel eines instabilen Identitätsgefühls, trotz hoher erwachsener Kompetenz in einem anspruchsvollen sozialen Beruf. Sie hat geduldig versucht, das Rätsel zu lösen, und erreichte durch sich steigernde Selbstbeobachtung und Körperintrospektion einen Überblick über viele über und durch den ganzen Leib wandernde, angenehme und viele eher missliebige, ja quälende Empfindungen. Von denen nahm die Patientin zu Recht an, dass es sich um wichtige unentzifferte Botschaften handeln müsse. Wir hatten bereits eine Kultur von Halt gebenden und beruhigenden Berührungen entwickelt, die zu ihrer Erleichterung zu starkem Weinen und Anklagen gegen traumatisierende Eltern geführt hatten. Doch die quälenden Körperbotschaften, die ihre Chancen zu wittern begannen, wurden immer bedrängender. Ich spreche von »Körpererinnerungen als Wegweiser zur Seele.«

Die knapp vierzigjährige Patientin, Sonderschullehrerin mit pädagogischem Zusatzstudium, kommt wegen Depression, Leeregefühlen und starken Beziehungsproblemen. Sie klagt, dass sie oft ihre eigenen Gefühle nicht erkenne, große Mühe mit der Abgrenzung vom Partner habe, sich aber trotzdem immer wieder stark Nähe bedürftig fühle bei hochgradigem Einsamkeitserleben. Den Vater, erfolgreicher Privatgelehrter, empfindet sie als körperlich zugänglich und gelegentlich warmherzig lebhaft. Der aber verstößt sie plötzlich aus innigem Körperkontakt auf seinem Schoß abrupt und brutal und setzt sie ab, sodass sie weinend, verständnislos und mit Schuldgefühlen zurückbleibt.

Die Mutter habe, selbst depressiv anfällig und putzwütig, für das vierte Kind kaum noch Zeit und Aufmerksamkeit gehabt, schon gar nicht für das verkümmernde Leid der Tochter. Sie hat sie quasi dem Vater überlassen, sie vor dessen übertrieben wirkenden Leibkontakt mit den schmerzhaften Abbrüchen aber nicht geschützt. Die Patientin ist, neben einem turbulent narzisstischen Bruder, der sie auch bevormundete und quälte, ein stilles Kind geworden, das aber für die Stimmungen der Mutter zuständig wurde und verdrossen eine parentifizierte Fürsorge für sie entwickelte. Sie rettete sich aus dem Chaos in intellektuelle Leistung, obwohl sie in der Grundschule fast versagt hätte. Hilfreich waren ab und zu nur hoch sportliche Unternehmungen mit dem Vater, die ihre Körperwahrnehmungen unregelmäßig hochschnellen ließen, bis sie in diffusen und seelisch nicht entzifferbaren Empfindungen wieder verschwanden.

Über Monate berichtete sie und empfand eine Linderung ihrer Depression: »Sie sind der erste Mann, dem ich vertrauen lerne«, während eine erste Therapie zwar zum Verstehen ihrer Geschichte und zu weiterer Gedankenarbeit hilfreich gewesen war, aber wegen der »Neutralität« der Therapeutin nicht zu einer engeren Bindung und vor allem nicht zu tiefer Regression führte. Wie ich es von der Arbeit mit depressiven und verzweifelten Patienten kenne, bot ich ihr, nachdem sie nach längerem Zögern das Liegen auf der Couch akzeptiert hatte und ich mich neben sie setzen durfte, meine Hand an, deren Wärme und Festigkeit sie lange prüfte. Es gelang ihr, Kraft und Ruhe zu tanken und sich von schubartiger Erschöpfung zu erholen. Sie füllte eine hohe Teilzeitstelle aus und versorgte drei Kinder und lebte eine anstrengende Partnerbeziehung. Dann erwachten, mit zunehmender Heftigkeit, Körpergefühle, zum Teil angenehme, zum Teil angstvoll schmerzende, die sie sich nicht deuten konnte.

Auf meine Frage, ob ihre intensive, nicht abgewehrte oder gebremste Anspannung nicht auf eine ihr bedrohlich erscheinende Wut hindeuten könne, reagierte sie erstaunt, verschämt und erleichtert, so als hätte sie ungeahnt eine wichtige und vielleicht hilfreiche Entdeckung gemacht. Von da an glich unsere Arbeit einer gemeinsamen Forschungsreise zur tiefen Spaltung von Körper und Seele. Die Worte »gemeinsame Forschung« wurden zum Inbegriff unserer neuen Arbeitsbeziehung. Spannungen in Nacken und Bauch erwiesen sich als Depots von Wut, die zu äußern sie sich im Elternhaus früh abgewöhnt hatte, um nicht die kümmerlichen Reste von Zuneigung zu verlieren. Neugierig kam sie dann oft in die Stunden mit der Frage: »Was will er mir heute wieder mitteilen?« Und der teilte sehr viel mit, auch wenn sie seinen Botschaften noch weitgehend ratlos gegenüberstand.

In einer der nächsten Stunden spürt sie intensiv ihre Unterarme. Sie streckt mir ihre Hand entgegen, um beruhigenden Halt zu suchen. Es wird in den nächsten Stunden immer deutlicher, dass sowohl ihre Sehnsucht wie ihr Widerstand gegen Berührung zunehmen, obwohl sie drängt, mit dieser Berührungserforschung fortzufahren. Wir bilden zunehmend ein Team zur Kartographierung ihrer bedeutungsvollen, aber noch rätselhaften Körperlandschaft. Sie erkennt, dass der Körper diese beiden Trends, Sehnsucht und ängstlichen Widerstand, mit ganz verschiedenen Mitteln ausdrückt. Um es zu erproben, biete ich, neben ihr sitzend, einen leichten Gegendruck gegen beide Seiten ihres mir entgegengestreckten Unterarms an. Sofort fühlt sie einen warmen Verschmelzungswunsch auf der Innenseite, während sie einen Abwehrimpuls auf der Außenseite spürt. Um seine Stärke auszutesten, biete ich erneut Gegendruck, der bei ihr zu heftigem Gegenstoßen führt: »Weg, weg!« Sie will wütend und ächzend meinen Arm beiseiteschieben, und ich brauche sie gar nicht zu fragen, wem das zornige Stoßen gilt: »Weg, weg! Platz!, so möchte ich meinen Vater anschreien, hau' ab und fass' mich nie mehr an!« Der anwachsende Schrei gilt dem Vater, wenn sie weinend zurückblieb, mit einem unklaren Schuldgefühl und der dunklen Ahnung, dass mit dem Vater etwas nicht stimmte. »Ich habe ihm nie mehr getraut, wenn er mich zu sich ziehen wollte.«

In einer nächsten Stunde erlebt sie beide Unterarme pulsierend warm, und in mir wächst die Überzeugung, dass ihre Zuneigung, die aggressive Vitalität wie das kindliche Zärtlichkeitsbedürfnis zunehmen und riskiert werden dürfen. Wir nennen es Tanken. Wenig später kommt: »Die Unterarme pulsieren wie vor Freude«, doch dann: »Meine Hände werden plötzlich kalt, eben waren sie noch lebendig warm.« Ich deute vorsichtig einen »massiveren Schub von Abwehr« entgegen dem wachsenden Nähewunsch an, und als ich vermute, das könne nun der Mutter gelten, stimmt sie erstaunt zu: »Wenn sie wieder sehr depressiv war, wollte sie Körpernähe, aber dann hat mich, ich traue mich kaum es auszusprechen, Ekel erfasst. Dabei hat sie mir neben meinem wachsenden stummen Zorn leidgetan. Ja, Mitleid war ein ewiger Teil unserer Beziehung, wegen ihrer offensichtlichen Überforderung.«

Schließlich bin ich ermutigt genug, ein Experiment zu wagen, das den Wunsch nach gleichzeitiger Verschmelzung samt aggressivem Abwehrwunsch kombinieren kann: Ich biete ihr stehend an, mich von hinten zu umklammern, um gleichzeitig Sehnsucht und Wut, also liebevolle Gewaltsamkeit zu empfinden. Sie spürt der Wärme nach, der sie inzwischen vertraut, wagt immer stärker und mit viel Kraft zu drücken und haucht atemlos: »Ich darf ja klammern. Du darfst nicht entkommen.« Die ganze Sehnsucht nach meiner zärtlichen und daneben auch kämpferisch ersehnten Nähe bricht aus. Sie berichtet in der nächsten Stunde von einer »wundersamen Wirkung« der Umklammerung und betont: »Ich habe das stolze Gefühl in meiner täglichen Morgenmeditation mehrfach tröstend wieder hochholen können.« In einer der nächsten Stunden spürt sie in der rechten Handfläche, die sich an meine schmiegt, ein schmerzhaftes und zugleich angenehmes Prickeln, das sie sehr befremdet. Auf ihre Frage, was das nun wieder melden soll, fällt mir zu meinem Glück eine Erinnerung aus einer anderen Therapie ein mit einer etwa gleichaltrigen Patientin: Der tägliche Postbote bittet die Vierzehnjährige immer wieder, mit seinem Mittelfinger sie in ihrer gewölbten Innenhand kraulen zu dürfen. Sie genießt zunächst das fremdartige Gefühl fast widerwillig, bis ihre Freundin ihr klarmachte: »Der will dich doch nur anmachen!«, worauf sie sich gegen den zudringlichen Mann in Zukunft zornig tadelnd wehren kann. Als ich ihr hiervon berichtete, verschwand das beunruhigende Kribbeln und sie genoss den unschuldig gewordenen Handkontakt.

Bei einer solchen Störung, die zu einer Verdrängung oder Abspaltung früher Affekte geführt hat, ja bei der diese überhaupt nicht wahrgenommen werden durften – der Vater hatte sie immer wieder körperlich zart zu missbrauchen versucht –, darf und muss der analytische Körpertherapeut eine große leibliche und seelische Intimität riskieren. Er muss sich seiner emotionalen und körperlichen Unverführbarkeit sicher sein, bei gleichzeitiger Fähigkeit zum Mitschwingen bei früher Unterdrückung oder Verstümmelung des affektiven Erlebens. Das erfordert Training und einige Selbsterfahrung in körpertherapeutischen Verfahren, um sich seiner eigenen Körperreaktionen sicher zu werden. Der Lohn ist eine sichere Arbeitsbeziehung mit einem vergrößerten Risikoraum für heilende Begegnungen, die dem inneren Kind des Patienten bei klar diagnostizierbarer Regression gewährt wird. Sie muss gegen Ende der Stunden wieder aufgehoben werden. Es bedarf also einer eigenständigen Methode, gegenüber der rein analytischen Form von Abstinenz zum Schutz des Patienten (siehe dazu meinen Aufsatz »Für eine Ethik der Berührung in der Psychotherapie«, 2005, auf meiner Homepage unter »Wichtige Aufsätze«).

In einer weiteren Stunde sagt sie: »Jetzt spüre ich eine gewaltige Spannung im Mittelbauch.« Zu meiner Überraschung kommt mit zutraulicher Stimme: »Können Sie mal Ihre Hand darauflegen?« Wärme durchströmt sie, doch dann eine neue Empfindung: »Knapp über Ihrer Hand öffnet sich ein Krater, der mir Angst macht.« Sie zeigt mir mit der Hand eine Zone unterhalb der Brust. Ich frage: »Ich versuche, die Grenze des Kraters zu erforschen, darf ich mit meiner Hand etwas höherrücken?« Sie bejaht. Mein Daumen reicht jetzt fast bis zur Brust. Ich: »Spüren Sie die Grenze zum Krater?« Sie: »Ja, aber der kalte Krater von Leere und Angst erwärmt sich, er wird weniger unheimlich als mein ständiger Begleiter. Nie habe ich ihn so deutlich gefühlt, eine Leere, in die keine Gefühle mehr eintreten durften. Aber er erwärmt sich, wird ein heißer Vulkan. Etwas explodiert in mir, zwischen Brust und Bauch.« Meine Hand endet wenige Zentimeter unter ihrem nicht berührten Busen.

Plötzlich blitzt eine lange Vermeidung in mir auf: »Über den Busen haben wir überhaupt noch nie gesprochen.« Sie zuckt etwas zusammen, als hätte ich eine unbekannte Gefahrenzone erwähnt. Sie stimmt verschämt zu, und ich frage: »Welche Gefühle melden sich bei der Überraschung bei Ihnen?« »Ich kenne ihn nicht, er ist mir fremd!« Und dann strömen Erinnerungen: »Er wurde nie beachtet und gesehen. Er war, das merke ich jetzt, von mir und allen einfach verleugnet. Seltsam, ein ganzer Körperteil!« Wir feiern zusammen eine neue Erkundung der Körperbotschaften.

Nach einigen guten Wochen jedoch verfällt sie nach einem schweren sprachlichen Missverständnis in eine heftige Übertragung zum Elternpaar und klagt mich an: »Sie haben mich nie verstanden, ich bin Ihnen immer fremd geblieben und Sie mir auch.« Da sie in der folgenden Woche in einen längeren Urlaub fahren will, biete ich ihr noch eine weitere Stunde zur Klärung an, die sie aber nicht mehr annehmen will.

Nach zwei Jahren beendete sie nach der langen Ferienpause plötzlich die Therapie. Das gewachsene Bedürfnis nach Autonomie wolle sie in eigener Regie erkunden. Sie fühle sich gestärkt und habe den Mut, alleine weiterzuwachsen, während ich gerne noch mehr Zeit gehabt hätte, um noch deutlich Ungelöstes zu bearbeiten. Dazu zwei Sätze zu meinem Trost: Manche Patienten vermögen trotz langer Therapie nicht, sich von ihren Eltern wirklich abzunabeln, was eigentlich auch für sie angestanden hätte. Sie fürchten zu sehr die elterliche Kränkung oder schonen sie wegen Krankheit oder Gebrechlichkeit. Mit einem vorzeitigen Abschied vom Analytiker vertrauen sie eher seinem Verständnis, seiner Toleranz und seiner hoffentlich geringeren Kränkbarkeit und gestalten stellvertretend mit ihm den lange aufgeschobenen Schritt. Sie schrieb nachträglich, sie habe mir den einfach zumuten müssen, statt mir zuliebe zu bleiben. Seitdem habe ich nichts mehr von ihr gehört, außer einer knappen Mail: »Die Rückkehr muss offen bleiben.« Es war einer der schmerzlichsten Abschiede, von denen in diesem Buch die Rede sein wird.

Misslingen und Scheitern: ein zentrales Thema in der neueren Publizistik

Selbst in den Hochglanzillustrierten, die von Erfolgsberichten und grandioser Werbung strotzen, kommt die Überschrift »Scheitern« als Möglichkeit immer häufiger vor, mit psychologischen Ratschlägen zu seiner Bewältigung: Kuren, Pausen, Entspannungsseminare, innere Einkehr in ausgewählten Klöstern, intensiveres Coaching oder gar Psychotherapie. Sogar eine Ermutigung, nicht endgültiges Scheitern für eine gesündere Lebenswende zu verwenden oder als eine Ermahnung des Schicksals zu einer veränderten Haltung dem permanenten Erfolgsstreben gegenüber aufzufassen, wird gegeben. In der *Süddeutschen Zeitung* vom 10. Februar 2020 schrieb Sebastian Herrmann:

»Es soll gelegentlich vorkommen, dass einem etwas gründlich misslingt. Vielleicht war das Glück gerade verhindert, weil es einem anderen unter die Arme greifen musste und deshalb keine freien Kapazitäten hatte. Es könnte aber auch sein, dass man sich ein bisschen doof angestellt hat. So oder so, im Scheitern drängen sich zahlreiche Fragen auf. Eine lautet: Muss ich darüber sprechen und wenn ja, wie? Im Prinzip existieren zwei Möglichkeiten. Ein Missgeschick lässt sich meist als Geschichte vom lustigen Tollpatsch erzählen, ein paar Lacher werden dabei schon herausspringen. Oder das Scheitern wird totgeschwiegen, das ist bequemer und schmerzt weniger. Die meisten Menschen neigen auch dazu, Informationen über Fehlschläge für sich zu behalten. Natürlich deshalb, weil sie sich dafür schämen. Aber auch deshalb, wie die Psychologinnen Lauren Eskreis-Winkler und Ayelet Fishbach von der University of Chicago gerade in einer Studie berichten, weil den meisten Menschen überhaupt nicht klar ist, dass Geschichten über das Scheitern wertvolle Lehren transportieren.«

Genau *so* ist dieses Buch gedacht.

Selbst der Altmeister seiner neueren Form der Psychoanalyse, André Green, schrieb in seinem Buch *Illusionen und Desillusionen der psychoanalytischen Arbeit* (frz. 2010, dt. Frankfurt a. M. 2017) in dem Kapitel »Der Begriff des Scheiterns« die bedenkenswerten Sätze: »Es ist an der Zeit, sich eingehender zu fragen, was unter Scheitern in der Analyse zu verstehen ist. Wer bereit ist, das medizinische Modell aufzugeben, muß auch auf bestimmte leichte Erklärungen verzichten. Wann also ist es gerechtfertigt, von Scheitern in der Analyse zu sprechen? (…) Nicht selten steht die entsprechende Ansicht des Analytikers in krassem Gegensatz zu der des Analysanden. (…) Vom Analytiker, der über den Verlauf der Analyse reflektiert, ist die lebhafteste Kritik zu hören: ein psychoanalytischer Prozess findet nicht statt; das in der Analyse sich Äußernde ist nicht analytisch fruchtbar; der Analytiker hat jenseits oberflächlicher Fortschritte den Eindruck, daß der Analysand die Natur der analytischen Arbeit nicht wirklich begriffen hat, dessen Rede ist künstlich, ohne echte Bereitschaft zur Analyse des Unbewußten.« (a.a.O., S. 72) Hier erklingt bereits die Tonart der Schuldzuweisung an den vielleicht fehldiagnostizierten Patienten, die ich vor Jahren einmal den selbst erlebten nachgeworfenen »Deutungsdreck« genannt habe.

Allerdings meint Green im Folgenden auch selbstkritisch: »Der umgekehrte Fall ist ebenfalls zu beobachten. Dieses Mal ist es der Analysand, der sich beschwert, daß der Analytiker ihn nicht versteht oder Unverständliches äußert, das in keinem Zusammenhang steht, was er empfindet. In seinen Augen stagniert die Analyse, während der Analytiker ihn pausenlos mit seinen Deutungen bearbeitet, in der Hoffnung, daß er endlich begreift, was ihm, dem Analytiker, relevant erscheint.« (a.a.O., S. 72) Bei dieser Tonart liegt die enttäuschte Abwendung wohl nicht mehr weit voraus, mit den entsprechenden Folgen beim Therapeuten. »Probleme im Zusammenhang mit Scheitern lassen sich nicht erörtern, wenn davon abgesehen wird, was der Analytiker bei einer solchen Einschätzung empfindet. Denn wer von Scheitern spricht, egal, wer tatsächlich dafür verantwortlich ist, (…) die Verantwortung für das Ergebnis wird allemal dem Analytiker angelastet, er sei der ihm übertragenen Aufgabe nicht gewachsen. Wie objektiv richtig diese Einschätzung auch sein mag, entscheidend ist, was sie bei dem, der die Analyse durchgeführt hat, an Gefühlen auslöst. (…) Tatsächlich entkommt der Analytiker nicht seinen Schuldgefühlen. Hat er die richtige Indikation gestellt? Hätte er nicht auf eine Analyse verzichten sollen? (…) Hätte er es nicht besser machen können? Dies alles sind Gründe, um sich Vorwürfe zu machen. Selten entzieht sich der Analytiker dieser Gewissensprüfung und kreidet die Schuld für den Ausgang seinem Patienten an.« (a. a. O., S. 73) Welch hervorragendes Bild der gesamten Zunft!

Georg oder die Angst vor der eigenen Winzigkeit

Georg ist das älteste von sieben Kindern, drei davon von verschiedenen Männern, aufgewachsen in Nordbayern. Als er sieben Jahre alt war, explodierte die Familie, die in sehr kargen Umständen am Dorfrand mit sehr geringem Ansehen lebte: Wegen mangelnder Fürsorge für die Kinder wurde die Mutter überraschend verhaftet und musste sich von den Kindern trennen. Georg wurde von der Polizei in ein strenges katholisches Fürsorgeerziehungsheim gebracht, geleitet von Priestern und Nonnen. Er musste sich in Eile in einem Café mit unendlicher Trauer von der Mutter verabschieden. Die Grobheit der Polizisten, die ihn im Heim ablieferten, gab ihm das Gefühl, verstoßen zu sein. Er wurde zum Bettnässer und zu einem aufbegehrenden Jungen, der wegen seiner unberechenbaren Frechheit den Zorn einer erbarmungslosen Nonne auf sich zog, die ihn grob behandelte und mit Dunkelhaft und Essensentzug bestrafte. Aus dieser Zeit stammen seine lebenslänglichen Panikanfälle, die uns bis zum abrupten Ende der Behandlung heimsuchten, mit Herzrasen und nächtlicher Todesangst. »Meine Rettung war die Schule, aber da wurde ich auch schwer gehänselt.« Lebenslang war das Lesen eine Zuflucht, und später ein mit unbändigem Ehrgeiz vorangetriebenes Studium der Medizin. Er wurde ein angesehener Gynäkologe, doch die demütigenden Erlebnisse in seiner Assistentenzeit bei einer Koryphäe seines Fachs ließen ihn auf eine Universitätskarriere verzichten.

In einer Gruppentherapie, die ihm zugleich den Zugang zu einer psychotherapeutischen Ausbildung eröffnen sollte, geriet er in eine oft unbeherrschte Außenseiterrolle und musste die Gruppe, in der er sich immer fremder fühlte, verlassen. Eine Lehranalyse scheiterte, er musste die Ausbildung unter demütigenden Umständen abbrechen, was er als traumatisches Erlebnis empfand.

Er suchte mich als Retter aus seinem Elend aus, weil er von meiner körpertherapeutischen Erweiterung des Settings gelesen hatte. Er war gleichzeitig verbittert und ehrgeizig, verbrachte mehrere Semester an berühmten ausländischen Universitäten, schlug eine Habilitation aber aus.

Vor jeder Berührung, nach der er sich offen sehnte, verhalfen ihm einige Monate mit analytischer Gestalttherapie zu einem Verständnis seiner Kindheits- und Jugendgeschichte, zum Trauern, zur Zähmung seiner oft unbeherrschbaren Wut und zum Verständnis seiner chaotischen Gefühlswelt. Sein Initialtraum lautete: *»Ich spaziere stolz durch das Heimatdorf an der Hand meines in der Realität unbekannten Vaters, der bereits während der Schwangerschaft der Mutter verschwunden war.«* Ich wurde zum lange idealisierten »Ersatzvater«, an dessen Hand er sich klammerte, als er später auf der Couch lag und sie nicht mehr losließ. Zwei Jahre saß ich bei ihm neben der Couch in der zweistündig geführten Analyse, manchmal mit meiner Hand auch auf seiner Brust zur Beruhigung, wenn er aufgewühlt von einem Alptraum in die Stunde kam.

Er war politisch hellwach, spottete auf die nur auf ihre Patienten konzentrierten Kollegen ohne jeden Blick auf die andauernden politischen Katastrophen und die ihn erschütternde soziale Ungerechtigkeit, vor allem aber das Elend alleinerziehender Mütter mit ihrem Leben an der Armutsgrenze. Immer öfter ließ er sich von humanitären Hilfsorganisationen gewinnen, für Wochen an die afrikanischen Kriegsfronten zu fliegen, mit schwerem Gepäck aus eigenen Medikamenten und rudimentären medizinischen Geräten, die er unter extremen Bedingungen in primitiven Hilfslazaretten in Flüchtlingslagern benutzte.

Er war von einem manchmal schwer auszuhaltenden Redestrom, den ich eines Tages seinen »Wortvorhang« nannte, der ihn immer wieder vor seinen heftigen Gefühlen schützen sollte. Abhilfe schaffte die Hand auf der Brust, die ihn beruhigte und, erneut geborgen, verstummen ließ. Er war sehr witzig, und um das asymmetrische Gefälle des Settings zu mildern, ließ er gelegentlich eine Kritik von ätzender

Schärfe fallen, wenn ihm, dem nicht seltenen »Besserwisser«, eine Deutung »absurd oder verstiegen« vorkam, vor allem, wenn sie sich auf seine frühesten peinigenden Lebensumstände bezog. Er wollte partout kein schon früh traumatisiertes Baby gewesen sein.

Eines Tages verschwand er ohne Abmeldung für fünf Monate an eine mir unbekannte neue nahöstliche Kriegsfront, ohne jeden Zwischengruß, und kehrte ebenso überraschend und wie selbstverständlich in eine nicht vereinbarte Stunde zurück, dies zu einem Termin, der früher regelmäßig von ihm eingenommen worden war. Es lag dem wohl eine kindliche Phantasie zugrunde, dass ich immer zu der Zeit auf ihn gewartet hätte. Eine symbiotische Verschmelzung mit einem frühen archaischen Vater? Ziemlich selbstherrlich ließ er verlauten, dass er nur noch einmal wöchentlich komme, und ich solle mir nicht einbilden, »dass ich jemals wieder so klein werde wie noch vor Monaten, das war doch unwürdig und demütigend, ich lasse mich nicht mehr demütigen! Ich bin erwachsen und leistungsfähig und führe und beherrsche mein eigenes Leben. Ich klebe doch nicht an Ihnen!« Es war ein Entschluss nach einer sehr erwachsenen gefährlichen Helfertätigkeit. Ihn schien ein Horror von der früher genossenen und heilsamen Regression überfallen zu haben, der er sich nicht mehr ausliefern wollte.

Etwas unwillig nannte ich ihn nach seiner unvermuteten und fast vertrauensblinden Heimkehr zu einem alten Termin meinen unzuverlässigsten Patienten, was ihn erstaunte und kränkte. Ich wollte mich aber nicht mehr auf das von ihm neu verordnete Setting einlassen, weil es mir wie eine Flucht vorkam und mir nicht erlauben wollte, eine weitere Heilung herbeizuführen. Trotzdem kam ich mir später zu unflexibel vor.

Trauer und Rache
Der tiefere, ja erschütternde Grund, warum er mich aufgesucht hatte, war der – neben den Panikattacken – Tod seiner geliebten Frau, die er als Geliebte, Retterin, Ehefrau, Mutter seiner drei Kinder er-

lebte. Er taumelte nach ihrem Tod noch für weit mehr als ein Jahr durch sein richtungslos gewordenes Leben. »Sie war mein Leben!«, und er pflegte sie, die selbst Ärztin war, während der letzten Monate ihres Herzleidens, ja glaubte, er habe noch Medikamente selbst erfunden gegen die von ihm verachtete Schulmedizin. »Sie hatten ihr Leben, zusammen mit meiner Betreuung, um mindestens eineinhalb Jahre bereits verlängert.« Doch neben der Trauer stand ein quälendes Schuldgefühl, dass er sie nicht noch zeitlich viel intensiver begleitet habe.

In den ersten Monaten bei mir konnte er weinen, ihr danken, ja sie wurde zu einem immer anrufbaren Schutzengel im Jenseits, und oft wiederholte er ihre Bitten und Beschwörungen, sein Leben nicht zu vertrauern, sondern sich offen zu halten für eine neue Partnerschaft. »Die hat gut reden«, stammelte er oft, »sie muss doch wissen, dass sie niemals ersetzbar ist. (…) Zwei Jahre nach ihrem Tod schaute ich keine Frau mehr auch nur aus der Ferne an«, sagte er mit einem gewissen Stolz, »mein Liebesleben ist zu Ende, mir bleibt nur die Arbeit und die Sorge um meine Kinder.« Diese gestaltete er unermüdlich und verwöhnend, so als müsse er ein idealer Vater werden, wie er nie einen hatte.

Nach zwei Jahren gab ihm eine jüngere Biologin unübersehbare Zeichen ihres Interesses, doch er ließ sie mehrfach abblitzen. Er wurde ärgerlich, wenn er spürte, dass sie ihn in seiner Trauer störte. Und doch ließ er sich widerstrebend auf sie ein, verweigerte lange Sexualität und fing sogar an, sie zu quälen mit seiner unberechenbaren Zuwendung. Schließlich fanden wir heraus, dass er trotz aufkeimender Liebe in einem Rachefeldzug gegen sie steckte: Die Übertragungsobjekte waren die Nonne, der pädagogisch-terroristische Dämon seiner Kindheit, und die so geliebte wie verfluchte Mutter, die ihn in seiner unreifen Hassliebe verstoßen hatte.

Ich litt mit an seinen Demütigungen, die er der Freundin zufügte und die er dann reuevoll mit teuren Reisen und Hotels wieder zu versöhnen und zurückzugewinnen suchte. Sie durfte bei ihm einziehen, und er warf sie wieder raus, bis die ambivalente Raserei langsam zu Ende ging. Und als ich mich weigerte, nach der unangekündigten Rückkehr zu *seinen* Bedingungen eine ausgedünnte Therapie oder weitgehend regressionsfreie Sprachkur fortzuführen, bot ich eine Paartherapie an, ein Vorschlag, den er mit Geringschätzung ablehnte und sich nie mehr meldete.

Meine mich tröstenden Vermutungen: Die analytische Körpertherapie hatte ihn auf so heilende wie beunruhigende Regression in das Zentrum seiner übereinander geschichteten Traumata geführt, die ihn immer wieder überfielen und nie endgültig vorbei zu sein schienen. Sein archaischer Selbstschutz von Verleugnung und Verdrängung durch radikale Trennung sollten ihn beruhigen und die Dämonen der Panik in eine Gruft einsperren, aus der sie doch immer wieder ängstigende, nächtliche Klopfzeichen sendeten, wie er schon vor seinem radikalen Entschluss geklagt hatte.

Ich war voller Bewunderung für seinen fürsorglichen Einsatz auch an der »Heimatfront«, bei dem er in einem entfernten Sterbehospital die entkräfteten und ausgegrenzten homosexuellen Patienten tröstend in seinen Armen hielt und sie so in den Tod begleitete. Ich litt lange über meinen Fehler der Verweigerung einer von ihm diktierten reduzierten Stütztherapie, die sich vielleicht, wenn das Vertrauen wieder gewachsen wäre, in eine Fortsetzung der Analyse sich hätte verwandeln lassen. Ich hatte seiner eigenen Kompetenz nicht getraut und büßte für den Fehler meiner analytischen Härte.

Abschiedsangst

Nach telefonischer Anmeldung drängt eine Patientin sofort dringlich auf die Garantie, dass es sich erst einmal um drei unverbindliche Stunden zu ihrer Orientierung über meine Person und Methode handeln sollte. Damit war, wie sich zeigen wird, das Grundthema von Freiheit, Autonomie und die Gefahr des Festhaltens bereits angesprochen.

Sie klagt nach dem Beginn der Arbeit über aufgestaute Wut, die manchmal unkontrolliert explodiere. Sie bringt sie in Zusammenhang vor allem mit ihrer Mutter, an die sie sich noch höchst ambivalent gebunden fühle. Sie selbst sei sehr angepasst und konfliktscheu, schäme sich auch dafür, sei als Mädchen zu Bravsein und Gehorsam erzogen worden, mit erheblichem Neid auf die Brüder. Am liebsten wäre sie lange auch ein Junge gewesen. Sie stammt aus sehr religiösem Milieu, war in ihrer Jugend »tief gläubig« und stark engagiert in kirchlicher Jugendarbeit. Sie ist inzwischen beruflich erfolgreich tätig auf mittlerer organisatorischer Ebene in einer städtischen Behörde.

Ihre Symptome: lästige, starke Nackenschmerzen und erhebliche Sehstörungen, bei Stress regelmäßig wiederkehrend. Extreme Schüchternheit, leicht gemildert vor Jahren durch eine Therapie bei einem therapeutisch fortgebildeten Priester. In meiner beginnenden Gegenübertragung spüre ich innerlich schwankend die Gleichzeitigkeit von Fügsamkeit und versteckter Rebellion. Durch das Niederhalten ihrer Wut, die sie auch körperlich durch die Anstrengung einer gewissen Starrheit spüre, sei sie oft erschöpft und besorgt um ihre Arbeitskraft. Sie ist bis zum Alter von fast 30 Jahren (Heirat) Zuhause wohnen geblieben, in enger elterlicher Kontrolle und schmaler Lebensentfaltung. Sie war in einem kleinen frommen Schwarzwalddorf aufgewachsen, der Vater ist im Dorf sehr angesehen, aber in der Familie zwingend autoritär, schweigend und mit strengen wortlosen

Blicken Gehorsam verlangend, aber auch gelegentlich prügelnd. Dem stand eine als leblos und depressiv erlebte, sich selbst entfremdete Mutter gegenüber, fast ohne körperlichen Kontakt und gefühlte Zuneigung zur Tochter. Allerdings beunruhigte sie auch, dass sie als Vaters Liebling (Ersatzpartnerin?) Mühe hatte, sich dessen zudringlichen Liebkosungen zu erwehren.

Diagnose

Hoher, auch körperlich gefühlter Zustand von Spannung zwischen Wut und Hemmung, bei immer unabweislicher werdendem Wunsch nach Abnabelung und Befreiung, behindert durch schwere Schuldgefühle gegenüber den symbiotisch klammernden Eltern. Die im Dorf überangepasste Familie war ihr zum Gefängnis geworden, dessen enge Mauern sie aber nicht sehen durfte. Noch hatte sie auch tiefe Angst vor der Lösung der Fesseln.

Schon die wenigen Anfangsstunden weckten einen Strom von demütigenden Erinnerungen der Angst vor ihrem in der Tiefe als bedrohlich erlebten aufbrausenden Temperament und dem gefürchteten Stau von Wut und plötzlich ausbrechender Anklage gegen die Eltern. Ich nenne sie bei mir das angsterfüllte, wütend angekettete »heimliche Vaterbräutchen".

Sie war in den Stunden lange extrem scheu. Sie kannte niemanden persönlich, der je mit Psychotherapie oder gar Psychoanalyse zu tun hatte oder gehabt hatte, außer ihrem ursprünglich und bleibend depressiven Mann. Er erzählte ihr kaum je etwas von seiner sehr orthodox geführten, langjährigen Analyse, und wenn dann eher Befremdliches, zum Beispiel wie streng und fast stumm und unheimlich ihm die Therapeutin erschienen sei. Diese hatte ihm wiederholt nahegelegt, nicht über die Analyse zu sprechen.

Die Patientin blieb lange beobachtend und lauernd höflich und lächelte nur äußerst sparsam, wenn sie eintrat und mir eine weiche

Jungmädchenhand gab, die sie eilig wieder zurückzog. Aber sie kam sehr zuverlässig und pflichtbewusst, meist gut vorbereitet, und entschuldigte sich, wenn sie kein bestimmtes Thema mitgebracht hatte. Wenn ich heiter oder minimal drohend sagte: »Dann wird es meist spannend«, lächelte sie irritiert, wie wenn sie dann keine Kontrolle des Prozesses mehr hätte.

Wir gingen deshalb gestalttherapeutisch die äußerst dröge Familienatmosphäre durch, begegneten den wichtigsten Personen, samt gütigen oder ängstigenden Lehrern, einschmeichelnd-lieben oder einschüchternd-donnernden Pfarrern, ferne-frommen Tanten samt einer lebenslustigen, die aufrührerisch den Clan verlassen hatte und die sie selten genug in den Ferien besuchen durfte. Ich darbte in Sachen Übertragung ungebraucht vor mich hin, trotz lebendiger szenischer Arbeit, und als ich spät und leicht enttäuscht fragte, was sie mir gegenüber fühle, kam sehr ernüchternd: »Sie scheinen nett, aber ich fühle nichts Besonderes zu Ihnen, Sie sind der neutrale Experte, was soll ich gefühlsmäßig mit Ihnen zu tun haben?«

Doch wir entdeckten Abgründe hinter der peinlich im Dorf hoch gehaltenen Normalitätsfassade, die sie mit großen Widerständen und Schrecken langsam aufzugeben begann. Sie waren beliebte Mitbewohner des Dorfes, die aber dennoch ein Geheimleben führten, wenngleich sie an harmlosen Geselligkeiten des Ortes teilnahmen. »Was könnten sonst die Nachbarn denken!« Die soziale Kontrolle war sehr hoch, und die hatte sich auch tief eingegraben bei der Patientin. Am lebendigen Arbeitsplatz, fast eine Vorortzugstunde entfernt, zeigte sie eine ganz andere Seite und wurde mit der Zeit lebhafter gegenüber einem dominanten und kränkbaren Vorgesetzten. Sie lebte eine doppelte Identität. Von den häufigen Pflichtbesuchen bei den Eltern kam sie manchmal traurig, wütend oder gar versteinert zurück. Doch sie wurde mutiger, fuhr seltener nachhause, erhielt im Beruf selbständigere, mit Reisen verbundene Aufträge, hatte mir gegenüber Anflüge von Keckheit, konnte mir bei Unruhe und Verzweiflung ihre Hand überlassen, berichtete lebhaft über fromme

»Jugend-Rüstzeiten« in einem Tagungshaus, die sie leitete und mit gemeinsamen Tanzeinlagen lebend gestaltete. Dabei war niemals von Glaubensinhalten die Rede, die sie vor mir verbarg, wissend, dass ich ein angeblich gottloses Buch gegen meinen frühen Glauben geschrieben hatte, das sie besaß, aber nie gelesen hatte.

Eines Tages wollte sie die Therapie »ausdünnen«, d. h. nur einmal wöchentlich kommen. Auch die Kassenleistungen gingen zu Ende, und es schien ihr undenkbar, selbst weiterzubezahlen. Sie kannte genau den Stand der genehmigten Stundenzahl, einmal großzügig verlängert, und brachte zu meinem Erstaunen zwei bis drei Themen wie ein Programm mit, an dem wir noch arbeiten müssten. Gesagt getan: Eine herb enttäuschend konflikthaft gewordene Mädchenfreundschaft konnte geklärt und mit Schuldgefühlen beendet werden, weil ein solcher Abbruch ihrer Moral und ihrer Helferseite widersprach. Eines Tages sagte sie unerwartet: »Ich glaube, ich kann aufhören.« Ich schlug eine Bilanz und ein Abschiedsgespräch vor, weil sie sich sehr steif verabschiedet hatte, doch sie sagte resolut und trocken: »Das war doch die letzte Stunde.« Ich war verblüfft, betroffen, schockiert, trauerte, fühlte mich fast unvorbereitet hinauskomplimentiert. Es gab weder Dank noch eine Umarmung, die *ich* mir als äußerte minimale Abschiedsnähe von ihr gewünscht hätte. Ich schickte ihr eines meiner analytisch kommentierten Bilddeutungsbücher zur Erinnerung, mit Dank für das erarbeitete und gewährte Vertrauen, aber sie blieb stumm.

Mein Selbsttröstungsversuch: Sie gab mir von der Couch her, wenn wir einen bedeutsamen Widerstand oder eine Erinnerungslücke entdeckt hatten, ein vorsichtiges dankbares Lächeln, das auszudrücken schien: »Da haben wir mal wieder gut kooperiert.« Doch ich konnte mir vorstellen, dass sich bei wohl gehüteten Grenzen eine halb unbewusste, halb vielleicht aus dem Abstand auch gebremste Zuneigung entwickelt hatte, die sie um keinen Preis zeigen wollte, schon gar nicht als dankbare Gabe einer möglichen Rührung mit begleitenden Tränen. Sicher war *ich* mehr gerührt und verwirrt, weil ohne ausreichende Vorbereitung auf diesen unerwarteten Abschied, erst Recht bei dem mutig-eitlen oder hoffenden Gefühl, es könnte sich doch eine Spur die Therapie fördernde Verliebtheit eingefunden haben. Ich vermutete aber, dass sie das ihrem Mann auf keinen Fall zumuten wollte, zumal er bei einem weiteren Versuch einer Psychoanalyse erneut an einen recht neutral wirkenden Anhänger der Sprachkur geraten war. Ein vorsichtig begeisterter Bericht über unsere Fortschritte und eine gewachsene Sympathie für mich hätte ihn schmerzen oder als beschämten Versager fühlen lassen können bei seinem Versuch einer Zweitanalyse. Er sei ernst und sich stets überfordernd in seinem Beruf geblieben, hörte ich als letzte Klage über ihn.

Noch kurz vor dem abrupten Ende vernahm ich die zufriedenstolze Botschaft, sie sei beruflich aufgestiegen und traue sich die neue Stelle und die größere Verantwortung zu, trotz einiger Angst vor möglicher stärkerer Belastung durch unvermeidliche Konflikte.

Noch immer bin ich nach mehreren Jahren des Schweigens in Versuchung, einmal das Schwarzwalddorf zu besuchen, von dem ich so viel Wunderliches, Schönes und Trauriges gehört hatte. Dies würde zum Thema der Bindung führen, die wir, bei aller Distanz und Abstinenz, zu unseren Patienten eingehen. So bleibt sie mir gedanklich und emotional präsent und ist doch real verschollen. Während ich sie immer mehr in mein Herz geschlossen hatte, war ihr das für ihre Gefühle wie eine Gefahr erschienen, der sie durch ihr unerwartetes Kappen der Beziehung auswich.

Eine teilweise missglückte Supervision

Seit fünfzehn Jahren kommt ein ca. sechzigjähriger Körpertherapeut zu mir in analytisch fundierte Supervision, im Abstand von vier bis acht Wochen, je nach Bedarf. Sein nach wie vor hoch geachteter Lehrtherapeut in Bioenergetik hatte das Handwerk bei einem Schüler der ersten Generation während der »harten Phase« von Alexander Lowen gelernt, von dem sich später eine sanftere Gruppe von Therapeuten entfernte und schließlich abspaltete, nachdem sie sich auch einer Weiterbildung in Psychoanalyse unterzogen hatten. Ich freute mich, einem Kollegen der fünften Generation der Bioenergetik analytisches Denken zu vermitteln. Eine eigene Psychoanalyse kam für den Kollegen nicht mehr infrage. Entsprechend schwierig gestaltete sich gelegentlich der Umgang mit den zwangsläufig auftretenden Übertragungen seiner Patienten: Er hatte Mühe sie wahrzunehmen, was sich aber im Lauf der Zeit besserte. Er nutze mich immer wieder auch als Analytiker, wenn er in persönliche Krisen geriet. Wir arbeiteten also mit einer Mischform von Supervision und analytischen Einzelstunden, verbunden mit der von mir immer stärker genutzten Gestalttherapie. Er arbeitete auch als Paartherapeut und mit stets gefüllten und begehrten Männergruppen. Manche Einzelsupervisionen galten zum Teil langjährig betreuten, auch sehr schwierigen Patienten. Er war ein geduldiger, warmherziger und fördernder Therapeut, der jedoch Mühe hatte beim Umgang mit Aggression, sowohl der fremden wie seiner eigenen. Mit dieser zögerte er bei der langsamen Abnabelung von seinen Eltern. Er war frommer Herkunft, lange als Jugendbetreuer in seiner Gemeinde tätig und oft zu lange versucht, »gütig« zu bleiben mit seinen Patienten.

Hingebungsvoll vertiefte er sich in die oft schwierige Biographie seiner Klientel, mit mangelhafter Erforschung des szenischen Hintergrundes und des sozialen Feldes, aus dem sie kam. Dabei half uns die Gestalttherapie, wenn ich ihn die chaotische, verworrene und von Feindseligkeit durchdrängte und von Spaltung bedrohte Familie aufstellen ließ. Dabei entwickelte ich mich selbst in szenischem Denken weiter.

Etwas mühsam bildete er sich in der Kunst der manchmal unvermeidlichen Konfrontation fort, ich konnte ihn über seine zeitraubende Wehrlosigkeit aufklären, wenn Patienten im Widerstand ihn ablenkten mit stets wechselnden Beschwerden aus ihrem Borderline-artigen und stets konfliktreichen Alltag. Für »normal gestrickte Depressive« war er ideal, auch in der »Kunst des Nachnährens« und dem Einsatz von stärkenden und beruhigenden Berührungen, bei denen ihm aber auch Wut ausdrückende Übungen zu Hilfe kamen.

Der Patientin dieser Supervision trug er die fünfjährige Geschichte der bisherigen Arbeit vor, über die wir in größeren Abständen schon zweimal beraten hatten. In seiner Verzweiflung über die unbeherrschbar wiederkehrenden Wutanfälle der Patientin, die ihrem Ehemann die Hölle bereiten konnte, hatte er diesen zu einem Versuch der Paartherapie mit einbezogen, die aber an ihrer unkontrollierbaren Aggressivität scheiterte. Seiner Kompetenz mit gemischten Gruppen sicher, hatte er sie spät in eine fortgeschrittene Gruppe einbezogen und berichtete über eine kurz davor stattgefundene Sitzung, bei der sie im Mittelpunkt stand. Sie wütete aber, in der Mitte des Kreises liegend, mit paranoidem und hasserfülltem Geschrei gegen die Gruppe, als ob diese eine feindselige Front bilden würde. Sie war schwer zu beruhigen, bis der Therapeut sie körperlich zu beruhigen versuchte. Sie war überfallen worden von einem Gefühlssturm, dessen szenisch-familiären Hintergrund er nur ungenügend ermittelt hatte. Er verteidigte aber seine langjährige Taktik, sie nur mit Geduld zu einem erträglichen Verlauf ihres Lebens zu bringen. Er betreute geduldig deren »inneres Kind«, aber inmitten ihres immer wieder aufbrandenden Magmas von archaischer Wut verdampfte der Gewinn immer wieder. Er leistete deshalb eine Weile starken Widerstand gegen die Inszenierung der Familiensituation. Ich wurde ungewöhnlich streng und befahl ihm geradezu, Oma, Mutter und Vater aufzustellen. Er stellte diese instinktiv mit Stühlen wie eine bedrohliche Mauer um die Patientin, die er selbst spielte. In dieser Rolle verstummte er wie blockiert, als ich ihn bat, über seine aufgespeicherten Affekte zu ihnen zu sprechen. »Sie verschwinden mir im Nebel, ich erkenne weder sie als Einzelpersonen noch meine eigenen Gefühle.« Er brauchte längere Zeit, um zu erkennen, dass das verlorene Mühe war, sie zu erkennen.

»Die Basis bei dieser Konfrontation«, sagte ich, »das müssen Sie sein«, und setzte mich eng neben ihn auf seinen Platz auf der Couch und nahm seine Hand. Ich konnte seine steinerne Umklammerung mitfühlen und schlug vor, mit Konfrontation bei der ihm gegenüber sitzenden Mutter zu beginnen. Doch er sagte: »Ich kann sie nicht als Individuum erkennen, die drei sind ein einziger Klumpen von erschreckender, lähmender Macht.« Wie um sich selbst zu finden und wieder als Therapeut zu sich zu kommen, schaltete er um auf einen Bericht über die Familie: »Extrem und hasserfüllt zerstritten, jeder gegen jeden, in undurchschaubaren wechselnden Bündnissen, der Vater jähzorniger Kriegsveteran, die Mutter voller Lebensangst, die Oma keifend an allen Kämpfen beteiligt.« Als er in seine Rolle zurückkehrte als seine Patientin, fragte ich diese nach Ressourcen in dem kämpferischen Chaos. Da fiel ihr als Einziges ein tröstliches, aber immer wieder im Streit zerstörtes Bild ein: die stickende Großmutter mit den wunderbaren Farben der Garnpalette aus dem Otto-Katalog, in dem eine solche glückliche Oma abgebildet war.

Ich leitete ihn nun mich identifizierend an, mit von mir geprägten Sätzen die Mutter auf dem »leeren Stuhl« anzugreifen. Er klammerte sich stärker an meine Hand und konnte mit gepresster Stimme nachsprechen: »Du hast mich in euren ununterbrochenen Kämpfen überhaupt nicht gesehen, ich war nur ohnmächtiger Zeuge, konnte nicht einmal schreien, nur weinend verstummen.« Ich schrie für ihn gegen die versteinerte Mauer meine Familiendiagnose an: »Ihr seid ein verrückter Haufen, alle wut- oder angstkrank, blind vor Hass aufeinander, die ihre Angst dauernd panisch wegbrüllen. Ihr seid krank und verrückt alle zusammen!«

Da fiel ihm eine frühere Mitteilung der Patientin ein, die er kaum wahrgenommen hatte: »Die Mutter erzählte öfter, dass sie in der Schwangerschaft eine riesige Angst, ja Panik vor mir in ihrem Bauch hatte.« Einige Sekunden herrschte totale Stille, bis mir einfiel, dass ich vor Jahren ein Paar beraten hatte, bei dem die Frau schon bei der Geburt Angst vor dem schreienden Säugling hatte. Wir konnten damals die bösen Angst- und Hassübertragungen auf das Kind klären. Es half dabei, dass sie es vorübergehend nicht mehr anfassen musste, sondern der Ehemann es zuhause sichtbar und angstfrei in den Armen herumtrug und herzte.

Die »Monsterphantasie« über einen Fötus oder ein Baby verdankte ich einem Buch von Donald Winnicott, und sie hatte sich tief in mir, aber an versteckter Stelle in der Seele, eingeprägt. Jetzt war sie mir ungeheuer hilfreich. Ein stummer Blitzgedanke: »Das Kind lebt unter einen Fluch.« Ich erklärte ihm den Sachverhalt, er meinte ungläubig, der Ausdruck und das Phänomen seien ihm unbekannt, bis ich sagte, das sei sogar ein Fachausdruck geworden und er möge ihn zuhause zur Erhellung googlen.

Als ich, ungeduldig geworden, fragte, neben der gelegentlichen Kritik an seiner allzu sanften Methode, ob er den glühenden Magmauntergrund in ihrer Seele zu lange übersehen habe, kam ein zögerndes, aber fast anklagend lautes »Ja«. Um ihn aus seiner Erschütterung zu retten, konnte ich zugeben: Ich selbst sei bei meiner Strenge angesteckt worden durch eine projektive Identifizierung mit dem traumatischen Familienklima und der unerhörten unterdrückten Wut der Tochter. Das erleichterte ihn und er dankte mir für meine offene Aufklärung über meinen für ihn ungewohnten ärgerlichen Zustand.

Ich verließ, auch für ihn ungewohnt – während er sich im Flur noch gegen die winterliche Kälte anzog – vor ihm die Praxis, quasi auf der Flucht vor dem erlebten Unheil, strauchelte auf der Treppe und fuhr mit dem unsicher gelenkten Rad in eine Reihe von Tischen und Stühlen, die auf dem Trottoir aufgestellt waren, von denen einige mit Gepolter umfielen. Da er gerade sein eigenes Rad aufschloss, fragte er, sich entsetzt umblickend, ob Erste Hilfe nötig sei. Ich konnte verneinen, bis auf ein schmerzendes Knie vom wütenden Zusammenstoß mit Stühlen und Tischen. Auf der Heimfahrt beruhigte ich mich und entschloss mich, diesen Text niederzuschreiben, der meine emotionale Verstrickung zeigte. Ich war, projektiv identifiziert, überschwemmt worden durch den aufgestauten Hass in der dargestellten Familie, dessen Intensität uns beide beeindruckte und den seine Patientin ebenfalls identifikatorisch in sich trug und daher unkontrolliert agierte. Obwohl er meine Aufrichtigkeit über meinen ihn erschreckenden Zustand anerkannte, sagte er die noch vereinbarten Sitzungen ab. Er entschied sich, die ihn überfordernde Therapie zu beenden. Wenn die Wutanfälle seiner Patientin und deren Familienklima selbst *mich* aus dem emotionalen Gleichgewicht warfen, musste er, ohnehin scheu gegenüber heftiger Aggression, das Unternehmen nicht voller Angst zu Ende führen.

Wir trennten uns, beide noch voller Scham und Groll, grüßten uns freundlich, wenn wir uns zufällig begegneten, aber es kam nicht mehr zu einer uns erleichternden Nachbesprechung. Wir hatten in gewisser Weise beide versagt, hilflos vor dem Bruch der fast freundschaftlich gewordenen Supervisionsbeziehung. Das machtvoll affektiv wirksam gebliebene Abenteuer hallt in mir aber so stark nach, dass ich mir vornehme, selbst nach Jahren noch eine Aussprache mit ihm zu suchen, die er selbst ein Jahr nach dem Bruch bereits scheu angemahnt hatte.

Abschied durch Enttäuschung, Missmut, Zorn, Hass, Katastrophe

Zwischen Zuneigung und Endexplosion

Der Patient, ca. 40-jährig, drängt mich sehr, nach einer kläglich gescheiterten klassischen Therapie mit ihm einen neuen Versuch zu machen, zudem er gelesen habe, dass ich auch körperanalytisch arbeite. Es geschieht gleich zu Beginn ein unheilvolles Unglück: Er findet mich, nach einstündiger Autofahrt, nicht in der Praxis vor. Ich habe mich angemessen entschuldigt. Er wirft mir das in einer Mail empört vor. Ich hätte ihn terminlich falsch eingetragen. Leider geschieht das in den Monaten nach dem Beginn noch einmal, was ihn erneut empört. Er wird es mir viel später immer wieder vorhalten.

Es erscheint ein finster blickender Mensch, der mich leicht einschüchterte, aber wir akzeptierten uns spontan; das habe ich wohl daran gemerkt, dass er mich sofort bat, sich auf die Couch legen zu dürfen, was jedoch zur ersten und unerwarteten Explosion führte: Denn nach wenigen Minuten unruhigen Liegens wirft es sich mit einem Aufschrei zusammengekrümmt vor meinem Sessel auf den Boden, schreit weiter und geht in krampfartiges und dann schmerzliches Weinen über. Leicht erschüttert setze ich mich zu ihm auf den Boden. Er beruhigt sich allmählich wieder, nachdem ich meine Hand auf seine Schulter gelegt habe.

Im Sitzen beginnt er mit seinem, wie er es nennt, aktuellen Lebensbericht: seit längerer Zeit arbeitslos, aber seit Jahren als Familienvater mit drei Kindern tätig, statt »berufslos zu leben und wenig zu verdienen«. Das gut ausreichende Haushaltseinkommen verdient seine Frau durch journalistische Arbeit. Da er sich als guten Vater erlebt, erzählt er es zugleich stolz und deutlich beschämt.

Dann beginnt er erstaunlich flüssig seine frühere Lebensgeschichte zu erzählen, die mich tragisch anmutet, allerdings immer wieder unterbrochen von traurigem bis krampfhaftem Weinen geschüttelt, das ihn auch für einige Minuten verstummen lässt. Die Eltern, in häufigem Streit dennoch kooperierend, haben sich eine anfangs karge, später erweiterte, sogar blühende Existenz durch einen Waschsalon geschaffen. In der Schule glänzt er »ohne große Anstrengung« in mehreren Fächern und Leistungssport, sodass er mit einigem Warten zum Medizinstudium zugelassen wird, das er mit eisernem Ehrgeiz anstrebt, den er erst später erklären kann: als mit tröstlichen Größenphantasien durchsetzte Kompensation von sozialer Scham, die ihm wegen starker Hänseleien schon in der Schule schwer zu schaffen machte.

Doch das Studium mit der unbekannten Vorlesungs-, Studenten- und Paukumgebung und den ihm hoch erscheinenden Anforderungen verändern sein quälendes Lebensgefühl für fast fünf Jahre, bis es verstört und depressiv aufgibt. Die beginnende Liebe zu seiner Frau und den bald erscheinenden Kindern erlösen ihn, aber was ihn zur Therapie motiviert, sind schwer kontrollierbare Wutanfälle, verbunden mit erheblicher Scham und Rückfälle in depressive Schübe. Das gescheiterte Studium hinterlässt einen halbbewussten, inneren Schandfleck, der ohne Unterbrechung seinen Selbstwert beschädigt.

Seit seiner Schulzeit hatte er sich trotz bedrückender Demütigungen durch beide Eltern mühsam, aber ehrgeizig das Geigen selbst beigebracht, und er will an einem hohen Geburtstag der angereisten Oma vor der festlichen Familie ein Ständchen schenken, da schreit ihn der der stets entwertend poltrige Vater an: »Hör' sofort auf mit dem entsetzlichen Gekreische!« Ähnliches Tadelsgeschrei durchzieht sein Leben, bis er zu fliehen versucht, aber reumütig zurückkehren muss. Ähnliche Demütigungen bereitet ihm seine Mutter: Durch Zufall überrascht er sie nackt im nicht abgeschlossenen Bad, sie schreit wütend und entsetzt auf und verfolgt ihn mit einen schweren Kleiderbügel durch die ganz Wohnung. Bei einem ande-

Die Fallgeschichten

ren Anlass, zusammen mit einer Nachbarin, die er verehrte, schreit ihn die Mutter in der Waschküche entehrend und charakterlich niedermachend zusammen, weil sie ihn mit einem aus Vaters Nachttisch »entlehnten« Pornoheft ertappt hat. Er flieht tief beschämt und kommt erst nach Tagen wieder zur Ruhe, fühlt sich in ihrer Nähe lange als Schwein.

Die Therapie verläuft durch seinen Leidensdruck und in seinem zuverlässigen Eifer zunehmend erfolgreich, wovon dieser Brief zeugen kann:

Lieber Herr Moser,
Sind Sie an einem der Termine noch frei?
Das Leben fühlt sich im Augenblick sehr schön und manchmal sogar leicht an mit einem durchlässigen und weichen Körpergefühl. Wunderbar!
Die Entdeckung des tiefen und vernichtenden Schamgefühls sowie das Zulassen und Betrachten dieses Gefühls scheint wichtig zu sein. Vielen Dank für die Möglichkeit dazu!
Sonnige und herzliche Grüße Ihr f. g.

Die Therapie war aber für mich zunehmend anstrengend, ja beschwerlich, zunehmend von Ekel geprägt durch eine offensichtlich für ihn nicht willentlich korrigierbare oder von ihm gewollt nicht korrigierte Eigenschaft: Er rotzte, schniefte, röchelte, sabberte. In meiner Rückschau regredierte er zum Säugling, war aber erwachsen sprechfähig, jedoch auch durch mehrfaches Aufmerksam-Machen und Bitten um korrektes Artikulieren nicht zu einer Veränderung zu bewegen. In mir verschärfte sich der Unmut, bis ich laut mahnte und schließlich die Kontrolle verlor und ihn einen Augenblick lang anschrie. Er verstumme sofort und schrie zurück: »Sind Sie verrückt geworden? Als Analytiker dermaßen unkontrolliert aus der Rolle zu fallen. Ich breche ab!« Er blieb aber noch kurz, bis ich sagte: »Es tut mir leid, aber ich habe mich zunehmend geekelt vor ihrer rücksichtslosen Sprechweise.« Er stand auf und ging heftig Türen knallend und schwieg einige Wochen. Ich mailte fragend, ob er sich wieder gefangen habe, entschuldigte mich noch einmal und lud ihn ein, zurüczukommen und die Katastrophe gemeinsam zu besprechen, das könnte sogar fruchtbar für die weitere Therapie werden.

Lieber Herr f. g.,
ist mit Ihnen, was ich sehr hoffe, noch zu rechnen, oder kann ich die Stunden vergeben? Der große Knall ist auf beiden Seiten geschehen. Wir können dann vergleichen, wie Ihr Sohn ›unbewusst‹ oder durch reine Pubertätsprovokation Sie zu platzen bringen kann oder will, und wie Sie es ›unbewusst‹ oder träumerisch total regressiv schaffen, mich zum Platzen zu bringen. Und wie passt Ihre Mutter dazu? Viel zu erarbeiten.
Herzlich Ihr Ti. Moser.

Daraufhin kam der folgende Brief:

Hallo Herr Moser,
wie bereits geschrieben, habe ich meinen therapeutischen Weg mit Ihnen beendet. Der große Knall ist keineswegs beidseits passiert, denn der Affektstau hat sich ausschließlich bei Ihnen entladen. Ich habe dagegen, teils erschrocken, teils zufrieden Ihre hassende, verachtende Fratze gesehen. Eine für mich altbekannte Fratze, die mein allerinnerstes Selbstbild bestätigt und gleichzeitig mein innerstes Vaterbild: der Vater ist immer ein Arschloch.
Daß Ihre Explosion geschehen konnte, in Beschimpfungen meiner Person mündete und laut Ihrer Aussage während des gesamten Jahres durch mein angeblich ungezogenes, regressives, quälendes, rotzendes und Signale ignorierendes Verhalten ausgelöst wurde, halte ich für einen therapeutischen Offenbarungseid.
Wenn in einer Therapie die persönlichen Befindlichkeiten und Probleme des Therapeuten die Überlegungen zu Übertragung und Gegen-

übertragung offensichtlich komplett aus dem Blickfeld schieben, dann ist das absolut inakzeptabel. Faktisch wiederholt sich so mein Trauma. Die Frage, die ich mir stelle, lautet: Wie und warum konnte ich mich auf einen Therapeuten einlassen, der von Beginn an Probleme mit seiner Selbstorganisation gezeigt hat? Wer seinen Klienten mehrmals versetzt, hat mehr als nur ein kleines Problem. Und dieses Versetztwerden scheint nicht nur mir passiert zu sein. So katastrophal sich die Therapie am Ende entwickelt hat, so danke ich Ihnen dennoch dafür, daß ich mein Tränenmeer entdecken konnte.

Ich grüße Sie und wünsche Ihnen alles Gute. g. f.

Das war ein (vorläufiges) bitteres Ende, denn ich wiederholte meine Einladung im Abstand von mehreren Monaten, weil ich wusste, wie wertvoll ihm die Therapie bis zuletzt gewesen war und wie reflektiert er sich immer wieder erweisen konnte. Also nahm ich an, dass er, außer einem Versuch des kompletten Vergessens oder Verdrängens, sich an die Katastrophe und seinen ja eingestandenen Anteil zwangsläufig immer wieder erinnern würde und sich auch selbsttherapeutisch anders zu wechselseitigen Explosionen emotional verhalten würde.

Es kamen aber immer neue Beschimpfungen und Entwertungen, in denen er mir die Eignung zum Analytiker absprach. Das traf mich immer von Neuem, machte mir aber auch deutlich, dass ich seine, wie er später sogar zugab, gezielt aufrechterhaltene Dauerprovokation viel zu lange ausgehalten hatte, ohne mir mit einer Drohung, einer Zwangspause oder dem Abbruch zu helfen. Angesichts seines Lebensschicksals hatte ich mich wahrscheinlich besonders engagiert oder war meinen eigenen Größen- oder Rettungsphantasien verfallen, die sich durch meine viel zu lange Geduld und eine gewisse Wehrlosigkeit rächten.

Die Explosion führte aber zu einer gewissen Veränderung, ja vielleicht sogar leichten Verhärtung meines Stils: Ich griff früher mahnend oder spiegelnd oder mit klaren Zeichen ein, wenn er mich mit sprachlichen Eigenarten zu beunruhigen, zu verwundern, zu reizen, zu aggressiveren Deutungen zu provozieren oder regelrecht zu ärgern begann.

Mancher einer begann plötzlich leiser zu sprechen, aus Scham vor einem Geständnis, aus Ermüdung, aus Widerstand, aus Unachtsamkeit oder weil er nach meiner Wahrnehmung partout nicht zu merken schien, dass durch das geöffnete Fenster Straßenlärm mehr heraufklang, oder aber auch aus Provokation. Ich hielt dann entweder sichtbar einmal oder auch mehrmals die Hand zum Ohr oder sagte: »Ich kann sie nicht gut verstehen« oder »Sie sind nicht mehr gut verstehen«, um auf eine Veränderung aufmerksam zu machen, oder ich sagte auch: „Aus irgendeinem Grund scheinen sie leise oder leiser geworden." Kurz, ich wehrte mich rascher oder ließ mir nicht mehr so viel gefallen an akustischem Ungemach. Oder ich versuchte mir durch eine milde Deutung zu helfen wie: »Könnte es sein, dass Sie mir etwas verheimlichen wollen?« Das konnte zu einer erschreckten oder ärgerlich abwehrenden Äußerung führen, und wir kamen in ein erhellendes oder klärendes oder weiterführendes Gespräch. Oder es kam eine Entschuldigung: „Bitte verzeihen Sie, ich habe es gar nicht bemerkt." Oder ungnädig abwehrend: »Was Sie sich da schon wieder zusammendenken oder hineingeheimnissen.« Dann gelang ihm leicht ein vergebendes Lächeln oder ein amüsiertes Gelächter mit deutlichem Bemühen um Besserung.

Da auch mich der nicht nur schmerzliche, sondern sehr schmerzhafte Abschied unliebsam in den Erinnerungen heimsuchte, musste ich mir auch gestehen, dass ich mir die fast abgefeimte Bosheit des Patienten nicht hatte vorstellen wollen, und wurde überhaupt aufmerksamer auf versteckte und verdeckte oder auch sorgsam vernuschelte Bosheiten, lachte freundlich früher, würdigte sie und versuchte, den am liebsten alles verheimlichenden und ertappten Täter nicht zu beschämen. Durch die entstandene Wärme der Beziehung gelangte dem Patienten oft ein größerer Mut zu Widerspruch und Kritik, besonders als ich ihm heiter eine Zeichensprache anbot, nämlich die Hand zu heben, wenn ihm seine Introspektion anzeigte, dass eine Frechheit oder Kritik drohte. Denn Frechwerden war in manchen Familien ein strenges Tabu und entsprechend eine vorbewusste oder noch unbewusste Verlockung. Das Durcharbeiten eines früher strengen und vielleicht sogar zum Trauma gewordenen Verbots fiel dann erheblich leichter.

So schenkte er mir mit dem fast zum Fürchten entsetzlichen und lange nachhallenden Abschied sogar eine therapeutische Reifung: Ich wollte die Erinnerung daran gar nicht mehr verscheuchen, dankte gar lieber dem Gauner und überlegte, ob ich ihn nach langen Jahre nicht noch einmal kontaktiere, mit einer allerdings sehr unangenehmen Sondererinnerung: In meinem Zorn und Gegenhass hatte ich ihm rachsüchtig entgegengeschleudert, dass er ein Schnorrer bei der Anbahnung der Therapie gewesen sei und mich dazu gekriegt hätte, ihn zu einem Sozialtarif anzunehmen, der mich heute reue, weil er sich auch gegen meine Ermutigung immer geweigert haben, einen eigenen Beitrag zum Honorar zu verdienen. Er empörte sich sogar, wenn ich ihm angesichts seines handwerklichen Geschicks mit den Kindern – Zimmern eines großen Hasenstalls und ähnliche Schreiner- oder Maurerkunststücke – Kraft und Geschick erfordernde Vorschläge machte, zum Beispiel als Gabelstaplerfahrer oder angelernter Kranführer auf Baustellen zu arbeiten: Er schrie sogar auf: »Jetzt erkenne ich endlich, wie geringschätzig und entwertend Sie die ganze Zeit von mir dachten angesichts von Abitur und wenn auch misslungenem langem Studium.« Vielleicht biete ich ihm doch noch einmal, auch nach einem Jahrzehnt, eine Rückkehr an. Denn wirklich gut gegangen wird es ihm nicht sein.

Wanderwut und Wandersehnsucht

In einer der nächsten Stunden stellt uns der Körper vor neue Zeichen, die nach Erkundung drängen. Sie kommt sichtlich wütend, aber tief erschöpft nach einem zu langen Schultag. »Außerdem bin ich voller Zorn!« Auf meine Frage, wem er gilt: »Ich habe gestern, der Vater ruft mich ja nie von sich aus an, mit ihm telefoniert. Er fragte nie nach mir, meinem Beruf, meinen Kindern und meinem Befinden und er hat mich noch nie an meinem Wohnort besucht!« Ich halte ihr spontan meine offene Hand hin, und sofort beginnt sie mit dem klatschenden Schlagen gegen sie, das wir schon kennen, streckt mir die geballten Fäuste entgegen, mit denen sie gegen meine drückt, mit wütender, kaum zu bändigender Kraft, bis sie erschöpft innehält: »Jetzt bin ich plötzlich nicht mehr müde!« Sie räkelt sich zufrieden, streckt ihre Arme wie eine Siegerin nach oben, so dass ihre Brust sich deutlich hebt.

Daraufhin blitzt eine emotionale Vermeidung in mir auf: »Über den Busen haben wir überhaupt noch nie gesprochen.« Sie zuckt etwas zusammen, als hätte sie eine unbekannte Gefahrenzone erwähnt. Sie stimmt verschämt zu, als ich frage: »Welche Gefühle melden sich bei dieser Überraschung bei Ihnen?« »Ich kenne ihn nicht, er ist mir fremd!« Und dann strömen Erinnerungen: »Er wurde nie beachtet, gesehen. Er war, das merke ich jetzt, von mir und allen verleugnet. Seltsam, ein ganzer Körperteil.« Sie staunt über das Ausmaß der seelischen Entwirklichung. Aber dass wir zum ersten Mal über den vergessenen Körperteil sprechen, macht sie staunend dankbar: »Wärme wandert den Körper hinunter bis über die Knie hinaus, ‹nur die Füße sind eiskalt, bis an die Fußflächen.«

Nach einigen weiteren Stunden dieser Körperarbeit kommt, nach erneuter Regression, mit kühler erwachsener Stimme: »Ich muss aufhören, alleine weiterarbeiten, erwachsen und autonom werden.

Das war übrigens unsere letzte Stunde.« Erschrocken frage ich nach Gründen, Gefühlen, Bilanz und gestaltetem Abschied. Sie daraufhin, schon im Gehen: »Haben Sie mich nicht verstanden? Das war das Ende.«

Ich war nicht nur schmerzlich überrascht, sondern wie vor den Kopf geschlagen, blieb grübelnd zurück, bis mich eine kurze Mail erreichte: »Die Rückkehr muss offen bleiben!« Seither lebte ich gut zwei Jahre in abnehmendem Wartezustand und unsicher, ob und wie ihr die plötzlich proklamierte Erwachsenheit gelingen wird.

Mein therapeutischer Selbsttrost: Sie wusste immer, dass sie sich aus den unterschiedlich umklammernden Bindungen beider Eltern befreien müsste. Aber sie hatte sich stets geweigert, deutliche Schritte zu unternehmen: »Die Mutter würde zusammenbrechen, und ich bliebe zurück mit lastendem Schuldgefühl. Und der Vater würde tobsüchtig reagieren oder den Kontakt zu mir total abbrechen.« Langsam dämmert es mir, dass sie das angstvoll mit den Eltern Unterlassene – das Wegstoßen – an mir nachvollzog, in der Gewissheit, dass ich nicht mit Panik oder Zorn und gar Verfluchung reagieren würde. Nach dieser schmerzlichen, aber auch zufriedenen Einsicht konnte ich sie beruhigt ziehen lassen, noch immer in der Hoffnung, dass ein Stück spätere Weiterarbeit möglich sein könnte.

Von der Ehefrau erzwungener Abschied

Der Patient, ca. 45 Jahre alt, Universitätsprofessor in Mikrobiologie, der mir am Telefon betont scheu, langatmig und fast sich entschuldigend vorkam, betont dennoch sofort, dass er von seinem Hausarzt geschickt werde, als ob er nicht ganz freiwillig komme. Die Empfehlung sei für ihn eine Garantie, am richtigen Ort zu sein. Er habe drei vergebliche Ansätze einer Therapeuten-Suche hinter sich. Er wirkt sichtlich erschöpft, sprudelt dann fast ohne Pause die leidvolle Geschichte der langen Krankheit seiner Frau heraus, die Trennung von ihr, die Sorge um den siebenjährigen Sohn, den Kampf um das Erziehungsrecht usw. Er habe bei mehreren Therapieversuchen der Frau auf Wunsch der Therapeuten teilgenommen. Sie habe mehrere Klinikaufenthalte (Persönlichkeitsstörung, Borderline-Syndrom, schwere Zwangsstörung) hinter sich, die nichts gebracht hätten. Er sei zermürbt von den Kämpfen mit der inzwischen zu ihren Eltern gezogenen Frau, die über Anwälte geführt würden.

Die Kindheit des Patienten, mittleres Kind zwischen zwei Schwestern, wird zunächst als glücklich und liebevoll geschildert, mit viel Spielen, bis sich herausstellte, dass die ehrgeizige Mutter enormen schulischen Leistungsdruck auf ihn ausübte. Außerdem habe er durch einen anonymen Anruf erfahren, dass sein Vater, als er selbst 15 war, eine außereheliche Beziehung unterhielt. In diesem Zusammenhang sei das Alkoholproblem der Mutter aufgetaucht. Es ist aber anzunehmen, dass dieses Problem weiter zurückreicht, vom Patienten aber erst um diese Zeit bewusst wahrgenommen wurde. Er habe sich sehr dafür geschämt. Er betont, dass er sich voller Fürsorge für Angehörige fühle, vermutlich hat er sich auch für die Mutter verantwortlich gesehen und für sie mitgelitten im späteren Ehedrama. Dieses Thema des Nicht-Hinschauens auf den wahren Zustand zeigt sich später in der langen Leidensgeschichte seiner Ehe, wo er immer wieder grübelt, warum er nicht rechtzeitig aufmerksam wurde. Um die Zeit seiner Habilitation wird die Ehe geschieden.

Bedrohlich danach für ihn immer wieder Phasen von Asthma und Bluthochdruck sowie gravierende Magenprobleme. Er spricht auch von »erheblichem Berufsstress«. Schwere seelische Störungen werden erst aus den letzten Jahren berichtet, als Überarbeitung, Niedergeschlagenheit, Zukunftsangst, Angst vor dem Ausmaß der Erkrankung der Frau und deren auf den Sohn erweiterten Suiziddrohungen. Deswegen starke Unruhe, Getriebenheit, Sorge, Erschöpfung.

Es scheint, dass der enorme und vielfache Stress Momente einer tieferen Nicht-Geborgenheit in der Ursprungsfamilie darstellt, verbunden mit der Sorge und der Scham über die Mutter, die aktiviert worden sind, verbunden mit dem überlangen Bemühen, auf Besserung zu hoffen. Daneben die Not, die extrem zwanghafte und panische Ehefrau mit ihren starken Impulsdurchbrüchen zu beruhigen und sich als Vater beim Sohn einzubringen. Er fand keinen Ausweg aus einer totalen Verantwortung für die kranke kleine Familie, deren drohendes Scheitern er nicht ertragen konnte und es mit allem Einsatz über Jahre hinauszuzögern versuchte. Von mehreren Therapeuten seiner Frau wurde er in die Verantwortung hineingezogen und auch während ihrer Klinikaufenthalte immer wieder zu Paargesprächen hinzugerufen. Obwohl die Frau inzwischen auch als psychotisch gefährdet diagnostiziert wurde, aber mit sehr wechselhafter Krankheitseinsicht, konnte er sich lange nicht zu einer Trennung entschließen. Er blieb jahrelang im Bann der Zuständigkeit für alles, litt unter der emotionalen Entleerung der Ehe mit dem Ausfall jeglicher Intimität und zärtlicher Verbundenheit.

Erschöpfendes Leiden an einer nicht durchschauten uneinlösbaren Verpflichtung als Retter mit jahrelangem Kampf gegen ein befürchtetes Burnout. Bindung an ein eigenes Mutterbild von Schwäche und Krankheit, das auf die Frau übertragen wurde, neben dem Fehlen eines stabilen Vaterbildes. Aus Gründen der Abwehr reduzierte psychische Orientierungsfähigkeit mit quälender seelischer Ratlosigkeit und Selbstzweifeln, neben einer offensichtlich erfolgreichen Forschungs- und Lehrtätigkeit. Sorge in einer gerade begonnenen neuen Beziehung, die bedroht sein könnte durch seine enormen Ängste einer Wiederholung des Chaos. Die erheblich jüngere Frau fasziniert ihn: »Ich kann aber auch diese Frau nicht richtig wahrnehmen und einschätzen und könnte deshalb in eine neue Katastrophe geraten.« Doch mit sichtbarer Erleichterung nach wenigen Explorationsstunden wird er etwas ruhiger und atmet auf: »Hier geht es endlich einmal um mich«, statt der lange Jahre niederdrückenden Sorge um Ehe und unerwartet ihn beanspruchende akademische Probleme. Sein ständiges Bedrängtsein, vielleicht seit seiner Kindheit, wird in diesem Augenblick erst richtig deutlich. Die Therapie wird zu seiner Zuflucht in einem inneren und mit zunehmender Dauer und Enge zunehmendem Druck in der neuen Beziehung. Als er dann noch aufgefordert wird, das in Fraktionen gespaltene Dekanat an der Universität zu übernehmen, werden die Erschöpfungszustände noch dramatischer.

Die Freundin kämpft eifersüchtig um seine Zeit und seine schwierige Vaterschaft zu deren launischem Kind. Sie hält ihn oft ab von seiner Flucht an den Schreibtisch, wo ihn auch die stete Sorge um sein eigenes Kind quält, das zwischen den feindlich getrennten Eltern hin und her geschoben wird. Dabei schämt er sich über seine Zustände, sodass ich ihn ermutigen muss, seine Tränen nicht zu verbergen. Vermutlich hat er sich noch nie so tief einem anderen Menschen geöffnet und anvertraut.

Nach der angestrebten Heirat übernimmt die neue Frau das Kommando in der Familie, und da die Spannungen zunehmen, lade ich sie ein, für einige Paarsitzungen mitzukommen. Gelegentlich bekomme ich wütende und auch entwertende Tadel über ihn zu hören, die ich schweigend zusammenfasse in dem Wort »Lahmarsch«. Vorsichtig versuche ich, ihm beizustehen und sie so sanft wie möglich in ihrem Zorn zu mäßigen, aber sie versteht dies als Kritik und verabschiedet sich beleidigt, ihre Teilnahme beendend.

Danach wird ihre Eifersucht auf sein erfreutes Kommen in die Stunden stärker und sie lässt öfter, wie er es andeutet, skeptische bis entwertende Bemerkungen über mich fallen. Sie kämpft gegen seine Spaziergänge oder Bierabende mit Freunden, die ihm zu fehlen beginnen, und dem Freund und meinem ärztlichen Kollegen gelingt es nur noch nach monatelangem Einladen und Werben, ihn für ein Gespräch zu gewinnen. Dieser Kollege berichtet seltener von Einladungen zu dem Paar, die sie eher klammernd einfädelt, um wieder die Kontrolle über ihren Mann zu übernehmen, während der überweisende Arzt, über den die Therapie läuft, und seine Frau über die Atmosphäre und ihre Dominanz in der Ehe des Patienten klagen. Ein geplanter Hauskauf, die lange und oft strittige Suche sowie der Umbau bringen das Paar wieder näher zusammen, aber die Zeiten seiner Erschöpfung nehmen auch wieder zu.

Mein Patient beendet bedauerlicherweise lange vor einem beruhigenden Ziel die Therapie, genießt aber in der Universität sein endlich wieder bürgerliches Ansehen mit der hübschen Frau und kann ein wissenschaftliches Werk vollenden. Es kam für unsere Arbeit zu einer ausgedünnten und langsam verebbenden Stundenfrequenz, in denen ich ihm zu stärkerer Gegenwehr rate und ihm den ehrgeizigen und aggressiven, weil aus dem Beruf gefallenen Charakter der Frau zu erklären versuche. Es ist sozusagen ein Abschied auf Raten, und wenig später kommt es zu dem traurig angekündigten Abschied, der mich ebenfalls traurig stimmt. Ich erlebte den Einfluss seiner Frau auf die Therapie regelrecht als Sabotage. Denn ich mochte und bewunderte ihn auch in Grenzen, habe aber danach nie mehr etwas von ihm gehört. Der mit ihm befreundete Kollege beklagt die seltener werdenden gemeinsamen Spaziergänge mit ihm und dem zunehmend unterwürfigen Verhalten seines Freundes in dessen Ehe. Alles zusammen hinterlässt bei mir ein lange anhaltendes tragisches Gefühl.

Abbruch aus Angst vor der Wiederkehr des Traumas: Säuglingspanik

Die Patientin, Psychodramatherapeutin, ca. fünfzig Jahre alt, erscheint leicht verfrüht, hübsch angezogen, setzt sich erwartungsvoll auf ihren Sessel. Ihre intensiven, scharf beobachtenden Augen enthalten gleichzeitig eine tiefe Sehnsucht und im Hintergrund Panik und Misstrauen. Sie berichtet dann fließend und beredt über ihre Probleme: Wechsel von tief depressiven Zuständen und überraschender, fast überbordender Heiterkeit, neben Überarbeitung, Panikattacken, Schlafstörungen und tiefer Sorge um ihre im Abitur befindliche Tochter mit sehr massiven Lernstörungen. Sie erwähnt viele Details aus einer massiv belasteten Lebensgeschichte und einer längeren, weit zurückliegenden Psychotherapie als Überlebenshilfe und »Beginn eines eigenen Lebensweges«.

Ich sehe gleichzeitig ein verängstigtes Kind, das verborgen ist in einer hoch kompetenten, wehrhaften Erwachsenen, die das Kind verstecken oder vergessen machen will. Sie ist von hoher Intelligenz samt großer Sprachbegabung und hoher Differenziertheit; die Stunden werden unterbrochen durch Tränen und einem stark leidvollen Ausdruck, neben klar ausgedrückter Angst, sie könne als Borderlinerin diagnostiziert und eventuell als zu schwierig von mir abgewiesen werden. Sehr bald aber taucht ein erlösendes Gefühl auf, »endlich endlich angekommen zu sein«, auch vorbereitet durch ausführliche, fast süchtige Lektüre in meinen Büchern. Starke idealisierende Anfangsübertragung, die sehr lange mutig selbstoffenbarend und stark motivierend bleibt.

Die biographische Entwicklung ist extrem belastet: Der Vater, aus Bosnien nach Deutschland »geflohen, verbreitet stolz politische Heldengeschichten des gefährlichen Widerstands gegen das Tito-Regime«, ist tüchtig als Bauhilfsarbeiter, oft brutal, alkoholisiert; er stirbt, als die Patientin zehn Jahre alt war. Sie ist das zweite Kind nach einem geliebten, aber jähzornigem Bruder. Nach ihr kommen sechs weitere Geschwister, für die sie bald Ersatzmutter wird, weil die Mutter arbeitet und abends oft stockbetrunken ins Bett getragen werden muss. Sie ist, neben einer hilfreichen, extrem strengen Oma, schon früh vor der Schule für »die Kleinen zuständig, einschließlich des letzten Babys«, das sie mit versorgt. Sie ist trotzdem »Musterschülerin«, hat die Schule lange als Ort der Geborgenheit erlebt, war davor mit einer Barackenkinderbande als »die wilde Hexe« Bandenführerin, als brutal und raffiniert gefürchtet.

Die Familie wohnte äußerst beengt in einer dürftigen Barackensiedlung, in tiefer Scham über die »Kontaktsperre« zu den »normalen« Schulkindern ihrer Klasse. Nach dem Tod des Vaters Umzug in ein Haus, das nur von türkischen Gastarbeitern bewohnt wurde, erneut große Scham, sozial »aussätzig« zu sein. Nach mit eisernem Fleiß bestandener Mittlerer Reife Ausbildung zur Krankenschwester. Hohes Engagement für die Patienten mit Überarbeitung, Essstörungen, depressiven Krisen. Zunächst Ablehnung einer angebotenen Psychotherapie, vermutlich aus Angst, was an traumatischem Untergrund hochkommen könnte. Extrem schmerzliche Trennungserfahrungen vom ersten Freund. In verschiedenen Kliniken tätig, aber »Außenseiterin«, vor allem, als ein schwerer Suizid-Versuch am Arbeitsplatz geschieht. Demütigende Kündigungen in mehreren kleinen Einrichtungen, wegen »aufsässigen« Verhaltens als »borderlinig« definiert.

Eine lebenslängliche Überforderungssituation (sie nennt es »Reinszenierung« ihrer frühen Geschwistersituation) spitzt sich zu, als ihre Tochter, ein ebenfalls überfordertes, idealisiertes Selbstobjekt, dem Abitur entgegensieht. Durch massive Lernprobleme, Alkohol und leichte sexuelle Verwahrlosung mit Drogen gerät sie in Vorbereitung auf das Abitur in Panik und Zustände der Anklammerung. Die Mutter stürzt in tiefe Ängste, sie könnte schuld sein an der befürchteten Lebensunfähigkeit der Tochter (trotz mehrjähriger Jugendlichen-Psychotherapie und Aufenthalten in psychotherapeutischer Klinik).

Abbruch aus Angst vor der Wiederkehr des Traumas: Säuglingspanik

Oft endloser Streit mit dem viel älteren Ehemann. Sie fühlt sich ständig bedroht durch ihre brutalen Kindheitserinnerungen, hat ein System von Methoden entwickelt, die sie bisher oft vor Zusammenbrüchen retteten: eine intensive regressive Beziehung zu Jesus, gelegentlich mit rivalisierenden Zügen, mit Joggen, Formen der Selbstberuhigung durch Medikamente und Vergleiche mit Menschen, die es »noch viel schwerer« haben als sie selbst. In Krisensituationen Alkohol und Schlafmittel. Unendliche Schuldgefühle, auch gegenüber den Geschwistern, die sie nicht retten konnte vor Drogen, Jugendkriminalität, Krankheiten und einem Suizid. Jetzt oft am Ende ihrer Kräfte. Depressionen und Panikattacken in Intervallen zu oft künstlich anmutender Zuversicht und Selbstüberschätzung. Massive Beziehungsstörungen mit Jähzorn bei gleichzeitigem Bedürfnis nach symbiotischem Schutz durch den viel älteren Ehemann. Anteile einer erheblichen Borderline-Störung, die sie schon früh, sich selbst entwertend, als »kaum heilbare Schrottkategorie« fürchtet.

Die Patientin kommt vorerst, weil eine Autostunde entfernt wohnend, vierzehntägig zu einer Doppelstunde. Später wöchentlich eine Doppelstunde, was ihr anfangs wegen ihrer beruflichen Überbeanspruchung schwer möglich erscheint (Krankenschwester halbtags, eigene psychotherapeutische Praxis als Psychodramatikerin in Ausbildung). Ihre ständige Weiterbildung, mit der sie ihr extrem niedriges Selbstwertgefühl zu stabilisieren versucht, hat zu ihrer Überlastung nicht unerheblich beigetragen: Ohne rasche therapeutische Hilfe könnte ein Zusammenbruch drohen. Genehmigt wurden sofort 160 Stunden, zweimal um 80 Stunden verlängert.

Verlauf der Therapie

Um dem verwirrenden Auf und Ab der destruktiv negativen und idealisierend überschwänglichen Übertragungen zu entgehen und die eher langweiligen Zeiten der fast affektlosen Erschöpfungszustände mit Handhalten und kurzen Einschlafphasen zu mildern, habe ich in manchen Zeiten vorwiegend mit Gestalttherapie gearbeitet, wobei sie sich in Inszenierungen mit dem leeren Stuhl als sehr kreativ erwies. Bei der Fülle der drohenden Introjekte und äußeren Personen nahm das lange Zeiträume in Anspruch. Wir nannten es »Aufräumen der Introjekte«. Im Vaterbild wechselten sich Brutalität und verwöhnende Zuwendung ab, da er sie wöchentlich am Zahltag stolz vorzeigte bei seinen lärmenden Kumpeln in rauchigen Arbeiterkneipen.

Das Bild der alkoholkranken Mutter ging oft in Hass und Verachtung unter, während die Oma eine verlässliche Konstante mit Strenge bot, mit mühsam erkämpfter Ordnung im Chaos und selbst als Drangsaliererin mit der Haferschleimflasche, da die Mutter sie nicht stillen konnte. Da die Öffnung des Schnullers viel zu groß war und weil sich alles in extremem Zeitmangel vollzog, führte die grausame Prozedur zu ängstigenden Erstickungsanfällen. Zynisch gesprochen konnte oder musste man bei der überwältigenden Zwangsfütterung – in Analogie zur Folterform des amerikanischen Water-Boardings – von oft schon erkaltetem oder auch überhitztem Brei-Boarding sprechen. Bis ins hohe Erwachsenenleben folgten daraus Fresslust und Abmagerungsversuche.

In der angemessenen Form der Regression habe ich bei einigen Patienten mit Stilltrauma durch therapeutisches Saugen an meinem Daumenballen gute Erfahrungen gemacht. Ich erklärte auch ihr die Methode. Die auffälligen Bewegungen eines gierig suchenden Mundes, der sich mir immer wieder entgegenstreckte, waren eindeutig genug. Aber ebenso groß war ihr von Panik erfülltes Zurückschrecken vor dem Saugen. »Niemals werde ich mich so weit demütigen, an Ihrem Daumenballen zum schwer traumatisierten Säugling zu werden.« Mit dem Versuch war ich wohl leider ein wenig zu drängend gewesen. Es blieb bei der entsetzten Weigerung, selbst wenn ich es der zu tiefer Regression bereiten Therapeutin mehrfach aufklärend nahezubringen versuchte. Späte Mahnung hierzu von einer analytisch-körpertherapeutische Kollegin: »Du machst hier geradezu einen Hechtsprung in eine sie erschreckende Intimität. Er war nicht ausreichend vorbereitet! Das könnte scharfe Kollegenschelte geben.«

Die heftig zurückscheuende Patientin erlebte mich dabei wohl als übereifrig. Sie pochte daraufhin ihrerseits ungewohnt ablehnend auf einer ausgedünnten Stütztherapie mit seltenerem einstündigem Rhythmus »für einem sanften versöhnlichen Ausklang der Therapie«. Ich war aber zu starr in meinem Ehrgeiz einer vollkommeneren Heilung und sagte grob Nein.

Sie verschwand empört. Und als ich nach Wochen oder Monaten milder dachte und auf ihren Wunsch einzugehen bereit war, blieb ich ohne Antwort, in einem Schweigen, das an meinen Nerven zehrte und das ich als so verzweifelt wie rachsüchtig erlebte. Das von ihr Gewünschte kam für sie nicht mehr infrage, trotz einer bedauernden Ermunterung dazu. Sie hüllte sich trotz brieflicher Entschuldigungsversuche in eine lastende Stille. Nur zu meinem achtzigsten Geburtstag kam nach vielen Jahren überraschend ein herzlicher Glückwunsch.

Ein Jahr später hörte ich von einer anderen, neuen Patientin, die mit ihr befreundet war und für die sie mich um Hilfe bat, traurig Neues: Dass sie am Tod ihres hasserfüllt und symbiotisch geliebten Mannes an fast pathologischer Trauer zugrunde zu gehen schien. Sie reagierte zunächst positiv auf mein Angebot, ihr bei dieser Trauer zu helfen, wollte dann aber doch lieber in eine Klinik gehen, als sich hilfsbedürftig noch einmal meiner zu erinnern. Die Freundin berichtete weiter, dass sie meiner liebend und verehrend gedenke. Doch das vergiftete Klima schien noch immer zu drückend für eine neue, begrenzte Hilfeleistung. Ich wusste also um ihr Elend, durfte aber nicht mehr helfen und verblieb lange mit Schuldgefühlen über meine frühere ehrgeizige Starrheit gegen eine als versöhnlich gedachte Stütztherapie. Es blieb von ihrer Seite eine nicht mehr aktivierbare positive Erinnerung an mich. Dazu kam wohl ein wieder aktivierter Hass wegen der Demütigung eines für sie inakzeptablen Angebotes des mit anderen Patienten mehrfach erfolgreich erprobten Stillversuchs. Da eine intensive, in der Regression verabreichte Körperintervention auch den Analytiker in eine tiefere Beziehung führt, ist so ein Abbruch auch eine Kränkung für ihn und bedarf einer längeren Ausheilung des Gefühls eines möglichen schweren Fehlers.

Schlag nach bei Zwiebel

Bei der beschämten Durchsicht dieses Textes fand ich in Ralf Zwiebels Buch *Was macht einen guten Analytiker aus?* (Stuttgart, 2013) sein mutiges Bekenntnis: »Ich selbst erinnere einige sehr schmerzliche Erfahrungen, die eben tatsächlich davon gekennzeichnet waren, dass die eigene Theorie als ›drittes Objekt‹, die Fähigkeit, die zugespitzte Situation zu konzeptualisieren und zu verbalisieren, bei allem Bemühen nicht mehr verfügbar war. Man liegt nachts wach, grübelnd und nachdenkend über die verstrickte Situation, scheint plötzlich etwas begriffen zu haben und simulativ etwas formulieren zu können, um sich in Gegenwart des Patienten doch nur wieder verstrickt und sprachlos zu fühlen.« (S. 84) Und: »Es gibt Tage, an denen man nichts spürt, und auch Patienten, bei denen man nichts spürt, wenig Einfälle hat und sich kein lebendiges Verstehen einstellt. Kurz: man fühlt sich unkreativ, was oft mit dem Gefühl verbunden ist, als Analytiker nicht präsent zu sein, vielleicht zu versagen. Auch hier können sich Schuldgefühle und Ängste vor der Arbeit einstellen.« (S. 86)

Eine ähnliche, aber viel dramatischer erlebte Situation erlebte ich mit einem Patienten, der mich in einer geschwächten frühen Verfassung erwischte.

Der Beginn der vierzigsten Stunde

Die Stunde beginn um neun Uhr morgens. Fünf vor neun klingelt es, ich bin noch etwas außer Atem von der Radfahrt und habe gerade die Läden hochgezogen, freue mich auf die kurzen Minuten der Ruhe vor Beginn der Stunde. Ich habe ruhig geschlafen und hätte gerne mehr Zeit für mich gehabt, sehe der Stunde etwas freudlos entgegen, obwohl ich den Patienten mag. Als es nun zu früh klingelt, bin ich schlagartig wütend und überlege, ob ich es dem Patienten einmal sagen soll, dass ich das Zu-früh-Kommen (das er gar nicht exzessiv betreibt) satthabe: Ich fühle mich in meinen noch privaten Vorbereitungstätigkeiten gestört… Die Tür zum Flur steht offen, ich bin an der Fensterseite mit dem Schließen der Balkontür beschäftigt. Er kommt aber nicht herein, bleibt im Flur stehen. Ich denke: Na, vielleicht hat er gemerkt, dass er zu früh ist, immerhin! Aber durch diese Warten und Erwarten durch eine offene Tür, noch ohne Sichtkontakt, entsteht eine angespannte Stimmung. Nach etwa einer Minute schaue ich hinaus, da steht er gar nicht, sondern eine ältere Frau, die wohl aus Versehen bei mir geklingelt hat und die zu einer Kollegin möchte. Ich schicke sie in das Wartezimmer und stehe mit dem Zorn auf meinen Patienten absurd in der Gegend herum und weiß, dass ich jetzt eine gewisse Gereiztheit in die Stunde mitbringe. Ich fühle mich ohne große »Ichkraft« und mit leicht verarmtem Selbst, finde das Arbeiten-Müssen plötzlich zum Kotzen, obwohl es mir meistens große Freude bereitet. Und jetzt kommt ausgerechnet dieser Aussauger, denke ich halbbewusst, den ich in meinem heutigen Zustand fürchte, aber er kann ja nichts dafür! Trotzdem, so denke ich weiter, ich muss mit ihm besonders viel arbeiten, weil sein Verstand manchmal so regrediert und er Dinge nachfragt, die ein Schulkind kapieren würde! Überhaupt, es überfallen mich Zweifel: Vielleicht behandle ich ihn falsch, denke ich verärgert, dann hat er, dieses jammernde Riesenbaby, mich auch noch dazu gekriegt, dass ich zu viel für ihn tue und halte ihn dadurch noch künstlich in seinem Unglück, und auf einmal fühle ich mich als schlechter Therapeut, der sich zu viel zugemutet hat.

Als er dann pünktlich klingelt, der arme Kerl – der unverdient eine so tolle Frau gekriegt hat und trotzdem oft so lahm und ängstlich ist und es versteht, manchmal mein eigenes Lebensgefühl zu senken mit seinem tragischen Ton und mir viel zu nahegerückt mit seinem saugenden und verlorenen Blick und der traurigen Lebensgeschichte, in der man überhaupt keinen festen Boden findet! – da wütet es so ungerecht in mir. Und dann macht er immer so quer zu meinen Ferien Urlaub, sodass wir noch nie drei Monate am Stück arbeiten konnten! Und bevor er dann abfährt, will er eine Stunde extra, und wenn er dann wiederkommt, noch einmal, damit wir das nachholen und wieder in den Rhythmus kommen…! Aber nein, er sorgt für größte Unregelmäßigkeit. Meine morgendliche Mattigkeit spült alles vergröbert hoch, was an Ambivalenz und Verzagtheit in mir war, und trotzdem *weiß* ich, ich werde ihn wiederfinden mit meiner Sympathie, ich kann aber im Augenblick noch nicht daran *glauben*.

Doch in der Dienstagsstunde waren wir beide ergriffen, um nicht zu sagen begeistert, oder beides, und ich fand mich einen wunderbaren Therapeuten und er mich auch… Inmitten dieser aufgewühlten Gedanken kommt er herein und schaut mich so innig, dankbar, aber auch verzehrend an; seinen Blick kann ich fast nicht aushalten und schaue immer wieder, als er mir gegenübersitzt, wie zum Ausruhen auf den Boden. Aber er ist zäh mit seinem Blick! Schließlich scheint er zu merken, dass etwas nicht stimmt mit mir, und er lässt ab von seinem Schauen. Dessen tiefes Begehren weiß ich heute ohnehin nicht zu erfüllen! Deshalb erlebe ich mich, weit unterhalb der sich einstellenden Arbeitsebene, als unfähig oder verweigernd und spüre das Flackern eines tiefen Hasses in mir, inmitten meiner Zuneigung: Wie man eben jemanden hasst, der einem vorführt, dass man ihm nicht helfen kann und sich arm, traurig und inkompetent fühlt (zum besseren Verständnis: wie seine depressive, frühe Mutter, aber das verstand ich erst später). Und da erzählt er doch, mit leicht schlingernder Stimme, dass ihn unsere letzte Stunde, bei der wir »den Bogen zum lieben Gott« vielleicht wieder geschlagen hatten, tief berührt habe und dass er zwischen Hoffnung und Scham schwanke, weil er doch dachte, mit der Religion sei er fertig. Er ist sichtlich irritiert, dass ich nicht meine gewohnte, solide und wohlwollende Präsenz und vorsprachliche Zugewandtheit an den Tag lege, sondern seinen Blick nur immer für Sekunden aushalte. Aber das alles scheint ihm nicht bewusst zu sein; er schaut dann eben auch verlegen weg, traurig und wie schuldig, und zwingt sich auf eine andere Ebene, auf die sprachliche Arbeitsebene, und da er mich unbedingt erreichen will aus seiner tiefen Einsamkeit heraus, schleppt er Dankbarkeitsfetzen an und sagt, er habe seit Langem wieder einmal einen Traum behalten können – und der mache ihn ratlos. Und dann erzählt er ihn (entnommen aus meinem *Stundenbuch. Protokolle aus der Körperpsychotherapie.* Frankfurt a. M., 1993, S. 82–85). Wir beide fangen uns wieder, weil ich mich mit dem Problem des Blicks auf eine vorsprachliche Ebene einlassen kann, mit der er sich ebenfalls mit einer neuen Perspektive der Analyse vertraut machen kann.

Die immer wieder erneuerte Arbeit mit dem Blick erwies sich in einem weiteren Jahr der Analyse als durchaus fruchtbar, vertiefte sein Vertrauen in unsere Arbeit und führte zu bedeutenden Veränderungen in seinem Leben: Er fand wieder Gefallen an seinem Beraterberuf, konnte ihn sogar neu gestalten in Zusammenarbeit mit seiner Ehefrau, die selbst aufatmet nach langem Mit-Leiden an seiner langen Depression. Er erklärte, dass er sich gereift und seinem lange verdüsterten Leben gewachsen fühle und deshalb dabkbar aufhören wolle. Dies bedauerte ich ohne meine volle Zustimmung, denn ich sah noch eine Menge Rückfälle auf ihn zukommen. Aber ich verstand, dass er endlich autonom leben wollte. Wie selbstverständlich meldete er sich nach Jahren bei wenigen solchen, und wir konnten jeweils einige Wochen weiterarbeiten, was mein Bedauern über seinen verfrühten Abschied beendete. Wir schieden danach in volkommenem Frieden.

Abschied auf Raten

Der Patient kommt nach einer längeren Vertiefung seiner depressiven Beschwerden und Rückenschmerzen, die er selbst für psychosomatisch begründet hält. Außerdem klagt er über Schlafstörungen und nächtliche Panikattacken. Lange konnte er sich ablenken durch regelmäßiges Wandern gemeinsam mit Sportkameraden aus einem nahe gelegenen Sportverein. Aufgrund mehrerer Fernsehsendungen und Artikel in seiner Tageszeitung über Nachwirkungen von Hitlerzeit und Krieg wurden ihm diese Themen immer wichtiger. Durch die Lektüre über Nachfolgeschäden der NS-Zeit in der zweiten Generation ahnt er, nach einer früheren Therapie, die das Thema gar nicht berührte, seine schwere Belastung durch die SS-Mitgliedschaft und Tätigkeit des Vater in verantwortlicher Stelle in Polen. Langsam finden wir, gefördert durch seine eigenen Forschungen in Archiven und meine eigenen Kenntnisse und Vermutungen, heraus, dass dieser an hoher Stelle in der SS-Wirtschaftsabteilung des Generalgouvernements in Warschau aktiv war.

Gegen viele Widerstände wird ihm klar, dass der Vater, der nie selbst über seine Stellung und Beteiligung bei der Ermordung der Juden sprach, auch aktiv war und Verantwortung trug bei der dieser vorausgehenden Zwangsinternierung in den Ghettos und der brutalen Enteignung und Beraubung vor dem Abtransport in die Vernichtungslager.

Es folgten quälende Träume über die Beteiligung des Vaters, Phasen von Schlaflosigkeit, Abmagerung und Frühpensionierung. Als Sozialtherapeut sammelte und sammelt er Verdienste im Bereich der auf Bewährung entlassenen Straftäter und deren Familien.

Der Vater lebte nach kurzer Haft stets in Angst, es könnten doch noch seine Verhaftung und ein bedrohlicher Prozess folgen, da einige frühere mitbeteiligte SS-Kollegen zu mehrjährigen Haftstrafen verurteilt wurden. In seinem Elternhaus verkehrten häufig »alte Kameraden« bei Treffen von Mitgliedern der HIAG, der Hilfsgemeinschaft der SS nach dem Krieg. Doch sein jüngerer Bruder und er blieben ahnungslos über die Bedeutung der Gäste. Die Brüder wurden jeweils »peinlich anständig« von der Mutter gekleidet den Herren vorgeführt und als »vielversprechende junge Deutsche reinen Blutes« gewürdigt und beklatscht. Auch die oberflächliche Bearbeitung der NS-Zeit in der Oberschule verfiel bald wieder dem Vergessen.

Lange ist das sozial tätige Paar einander stützend solidarisch, durch intensive Gespräche und gemeinsamem Willen der Bewältigung der NS-Zeit, auch auf Seminaren zur Information und zum Austausch mit ähnlich Betroffenen.

Aus einer anfangs lebendigen Ehe war nach Jahren der Arbeit der Wiedergutmachung der NS-Verbrechen längst eine Kunst-, Wander- und Reisefreundschaft geworden, doch der tragische Untergrund des Nacherlebens der väterlichen Schuld war in der Tiefe des Unbewussten erhalten geblieben. Das Paar kampierte in den Therapietagen auf einem Campingplatz im engen VW-Bus. Dadurch wird auch der Stand der Ehe thematisiert und es wird eine diffuse Sehnsucht nach einem möglichen Wiederfinden alten Glücks spürbar, doch der Mann wehrt Sexualität ab, vielleicht aus Angst vor beschämender Potenzstörung. Sie klingt entschlossener: »Ach, Liebe ist doch vorbei, doch wir halten zusammen!«

Als seine Erinnerungsängste schwinden, wird deutlich, dass sie aufatmet, hatte sie sich doch »überlang« mit ihm und seinen stärkeren seelischen Leiden beschäftigt. Die Besuche wurden seltener, verabredete Termine auch abgesagt. Es war ein Abschied auf Raten von Menschen, die mir in ihrem sozialen Engagement und der Suche nach Wahrhaftigkeit gegen die Verschleierungshaltung seiner Eltern hohe Achtung abgenötigt hatten.

Es kamen noch dankbare Kartengrüße und Nachfragen, ob ich im Krisenfall noch für sie erreichbar sei. Sie blieben mir in guter Erinnerung, mit tiefem Bedauern, dass Alter und Entfernung eine

Vertiefung der Therapie behinderten. Im Gedächtnis überlebte in mir seine warmherzige Betreuung des jungen Sohnes einer in Überlebensarbeit sich verzehrenden Migrantenfamilie, den er adoptierte wie einen unvermutet aufgetauchten Enkel. Er fand damit Anschluss an halbvergessene Erinnerungen an Flucht, karges Wohnen, erste Schulerlebnisse vor dem erzwungenen Eintauchen in eine verlogene Großbürgerlichkeit mit steifer Haltung und demonstrativer Wohlanständigkeit samt mangelnder seelischer Atemluft für die Kinder.

Längste Therapie, längste Zweifel, längstes Chaos und längster Abschied

Die damals 45-jährige Patientin kam auf verschlungenen Wegen aus Ostdeutschland zu mir, aus extrem enger Freikirche stammend, aufgrund der von ihrer Hand abgeschriebenen, unter Ausbildungskollegen meine heimlich herumgereichten *Gottesvergiftung*. Über diese hatten wir in ihrer Not korrespondiert. Neben ihren frühen, auch religiösen Traumatisierungen war sie durch eine Gruppentherapieausbildung noch weiter beschädigt worden, die sie zwang, in einer Klinik in einer DDR-Klinik Halt zu suchen. Schon früher war sie mehrfach in der Jugendpsychiatrie gewesen. Auf ihrem Weg in den Westen machte sie in Westberlin Station für eine soziale Ausbildung und war an einen von mir empfohlenen Kollegen geraten. Von dem fühlte sie sich absolut unverstanden und beschwerte sich deshalb bei mir immer wieder. Sie zog nach Freiburg wie ein gestrandeter oder abgestürzter Wandervogel und lebte über Jahre von schlecht bezahlten Jobs, bis sie eine Stelle als Aushilfe und viel später eine mager bezahlte Stelle und schließlich eine Ausbildung fand. Deren Chefin, die sie direkt aus der Klinik rettete, wurde über fünfzehn Jahre dann das im Grunde warmherzige Übertragungsgespenst durch alle Höhen und Tiefen ihres Lebens.

Die Patientin machte mir deutlich, in welchem Ausmaß ihr Leben durchdrungen war von einem strengen bis grausamen Gott, der alles sieht und vor dem man sich pausenlos bewähren muss. Sie kam in der fast wahnhaften Überzeugung, nur der ebenfalls »Gottesvergiftete« könne ihr helfen. Ich konnte sie nicht wegschicken, und so kam es zu einer mit Pausen, Brüchen und Krisen fast 20-jährigen Therapie. Die ganze Geschichte ist nachzulesen unter dem Namen »Christine« in meinem Buch *Verbal, Präverbal, Averbal. Psychotherapie an der Sprachgrenze* (Frankfurt a. M., 2018).

Meine Übertragungsrollen schwankten zwischen einem idealisierten und gleichzeitig verhassten Vater, einer schwer depressiven und bigotten Mutter ohne Einfühlung für das Kind und einer Kombination davon als *père maternel,* der alle Funktionen und ihr Gegenteil zu erfüllen hatte, Dauerchaos inbegriffen. In meiner Not drängte ich sie, eine möglichst mütterliche Analytikerin parallel zu mir als Stützende zu Hilfe zu holen. Als sie eine kooperationsbereite, ihr zunächst sympathische analytische Körpertherapeutin gefunden hatte, explodierte nach wenigen Wochen die Panik, sie werde rettungslos von ihr verschlungen werden. Es gelang uns eine krisenreiche, zuletzt aber heilsame und sie stabilisierende Zusammenarbeit mit mehreren wieder panischen oder idealisierenden Abbrüchen und suizidalen Krisen. Die Analytikerin schied nach eineinhalb Jahre der Zusammenarbeit aus, sie blieb aber symbolisch und hilfreich als neues inneres Objekt präsent.

Der Patientin gelang eine anspruchsvolle Verwaltungsausbildung, sie wurde unentbehrliche Kraft in ihrer Lehrkanzlei und führt seither ein geachtetes Leben, allerdings ohne jede Männerbeziehung. Ich besuchte sie lange nach dem Ende bei mir, dem ein anstrengendes Hin und Her vorausging, nach Jahren in ihrer neuen Wohnung mit viel Kleingetier auf ihren Wunsch zum Tee, und sie berichtete mir stolz von ihrer Arbeit und einer inzwischen angemessenen Bezahlung. Sie hält mich dankbar als »Lebensretter« in Ehren, allerdings ohne Verständnis, wie man ohne inzwischen entneurotisierten Gott überhaupt überleben könne. Sie phantasierte gegen Ende der Therapie auch, mich zu betreuen, wenn ich gebrechlich oder schwerkrank würde, als Gegengabe gegen das ihr Geschenkte. Aber wir haben uns über Jahre nicht mehr gesehen, dennoch bleibt sie mir gegenwärtig als die Patientin mit dem intensivsten und längsten therapeutischen Engagement. Keine war meinem Herzen näher, obwohl ich sie nicht »erwählte«, sonst sie mich, lange bevor ich sie real kennenlernte, nachdem sie meinetwegen nach Freiburg umgezogen war. Sie platzte vielfach gescheitert einfach herein.

Die Fallgeschichten

Ich erlebte sie gegen Ende der fast 20 Jahre langen Arbeit, teils geheilt, in inniger Zuneigung und verzweifelte Resignation, aber tapfer gefasst, mit Lebensmut und auch Wut über manche schwer erträglichen Charakterzüge der Chefin, die ihr immer wieder bei Konflikten vorhielt, dass sie doch dankbar sein müsse dafür, wie sie sie nach einem langen Klinikaufenthalt als Hilfsangestellte »gerettet« habe. Dankbar sei sie mir fürs Durchhalten und das gemeinsame Lernen, eine ganze lange Lebensphase hindurch.

Ein bleibendes und tiefes Bedauern: Im Lauf der langen Arbeit wurde sie immer fraulicher und hübscher, ihre blonde Haarpracht und ihre stattliche Erscheinung weckte in mir immer wieder Phantasien einer Freundschaft oder Liebesbeziehung mit einem Mann. Ich war überzeugt, sie könnte, mit einem entsprechenden Partner, der mit seiner eigenen traumatischen Biographie ein wenig therapeutisch aufgeräumt haben müsste, eine wunderbare Ehe führen. Ich konnte mich nicht enthalten, alle Jahre wieder die Frage zu stellen, wie es »mit den Männern« stehe. Teils reagierte sie unwillig, sogar befremdet, warum ich das Thema immer wieder erwähne. Sie verliebte sich hoffnungslos in den Tierarzt, bei dem sie oft Rat suchte für ihre Vögel, der jedoch keinen Zweifel daran ließ, dass er glücklich verheiratet war.

Ein wohlsituierter Anwalt, Klient ihrer Kanzlei, den sie öfter treffen musste, wenn sie ihm Steuerdokumente zu überbringen musste, zeigte Interesse an ihr, doch ohne Genaueres zu wissen meinte sie: »Ach, der ist doch längst vergeben!« Oder: »Dem wäre ich sicher zu ungebildet.« Doch es bliebt klar: »Ich bin für eine Beziehung nicht geeignet; ich wäre viel zu unbeholfen; zu langweilig; die schmerzlichen Erinnerungen an einen Grobian nach einem Klinikaufenthalt sind noch immer zu abschreckend. Männer sind mir einfach fremd, denken nur Sie an meinen Vater!« usw.

Bei mir blieb die Trauer über die unvollendete Arbeit: ihr Entschluss zu halbzufriedenem Alleinleben ohne Partner, mit wenigen vertrauten Koch- und Wanderfreundinnen.

Die ängstliche Ausdünnung einer scheinbar halb gelingenden Therapie

Der heute ca. sechzigjährige Patient ist Lungenfacharzt, Psychotherapeut und eifriger Hobbyfußballer. Er kam mit vierzig zu mir wegen Konflikten am Arbeitsplatz, Liebeskummer und instabilem Selbstwertgefühl. Dieses wurde zum Teil beschädigt durch einen herrischen, mit seinen Schulleistungen und halbstarkem Verhalten unzufriedenen Vater, einem sehr anerkannten Chirurgen in einer ländlichen Kleinstadt. Zur Strafe und in der Hoffnung auf Besserung wurde der Patient in ein Internat »verbannt«, mit Zorn und Trauer um eine verwöhnende Mutter, die ihn erotisierend teilnehmen ließ an ihren morgendlichen und abendlichen freizügigen An- und Entkleidungsritualen. Seine lebhafte Sexualität blieb lebenslang immer wieder gebunden an Strumpfrituale seiner Freundin und später seiner Frau. Seine Praxis lief gut, und mit den Behandlungszahlen konnte er seinen Erfolgsvater schließlich übertrumpfen. Es kamen vier Kinder, an die seine Frau mütterlich klammernd und ängstlich gebunden war, wie sie selbst lange an ihre großbürgerlichen Eltern, was die Paarbeziehung immer wieder belastete.

Mit längeren Pausen der Verselbständigung als Mann und Arzt währte die Behandlung mit Unterbrechungen fast zwanzig Jahre, die förderliche und motivierende Hauptübertragung war die eines toleranten und warmherzigen älteren Freundes oder Onkels, bei dem er endlich seine Lebensnöte ausbreiten konnte. Gute Auswirkungen hatten Phasen der gestalttherapeutischen Erweiterung der Arbeit, bei denen er sich mit den wichtigsten Personen und Introjekten konfrontieren konnte. Bei Ehekrisen bat er, seine jugendlich-abhängige Frau gelegentlich mitbringen zu dürfen, sie strahlte anfangs etwas durchaus Töchterliches aus, gewann aber immer mehr erwachsenen Einfluss auf ihn, dank einer Psychotherapie bei einer mir immer suspekter werdenden Kollegin, die ihre Patientin jedoch immer mehr in ein beschützendes Mutter-Tochter-Bündnis zu ziehen schien – mit Ratschlägen, gegen ihren sozial-emotional überlegenen Mann aufbegehrend zu Feld zu ziehen. Diese Psychotherapeutin verweigerte trotz schwerer Ehekrisen, das in Not geratene Paar zu sehen, sodass sich der Mann einer bedrohlichen weiblichen Front gegenübersah. Bei den wenigen Begegnungen bei mir zeigte sich die Ehefrau anmutig-ängstlich und besorgt, von dem von ihrem Mann idealisierten Analytiker durchschaut und kritisiert zu werden. Nach einem von ihr so empfundenen – von mir spaßig gemeinten Scherz wegen einer Verspätung – verließ sie, Türen knallend, die Praxis und war trotz einer Entschuldigung nicht mehr bereit, noch einmal zu erscheinen. Im Gegenteil, die Kränkung schien sich in ihr auszubreiten, und die mit ihr verbündete Therapeutin tat nichts für eine Aussöhnung, sondern ließ wohl durchblicken, dass sie von meinen therapeutischen Methoden nicht viel hielt – so wie ich von ihren.

Ihr Mann geriet zwischen diesen zwei Bindungen zunehmend unter Druck, schlug sich bei immer schwieriger werdenden Besuchen bei mir immer deutlicher auf ihre Seite, kritisierte mich als emotionalen und untherapeutischen Grobian, nicht ohne mir jedes Mal auch innig zu danken für meine frühere »lange und hilfreiche Begleitung«. Seine angesehene Kundschaft beehrte er zu Weihnachten mit einer edlen Flasche Wein, die er auch mir weiter zukommen ließ. Er ließ mich tröstend wissen, dass er mich noch einmal vor dem Ende der Therapie zu einem Abschied aufsuchen werde. Es geschah aber mehrere Monate lang nichts, und da Weihachten wieder nahte, schickte ich ihm meinerseits das neueste Buch, worauf er sich dankend entschloss, mich noch einmal aufzusuchen. Ich bereitete mich auf eine heftige Auseinandersetzung vor, aber es wurde eine befriedigende Bilanz seines Lebens und seiner Ehe, die ich gegen Ende der Stunde aufatmend als Erntedankfest bezeichnete. »Danke«, meinte er, »aber bitte nicht gleich übertreiben, es bleibt noch genug zu tun!«

Die ängstliche Ausdünnung einer scheinbar halb gelingenden Therapie

Seine Frau hatte die Therapeutin wechseln müssen, die nach mehreren Jahren des mütterlichen Schutzes altershalber aufhörte, und sie fand eine gestandene, freundliche und zielstrebige Verhaltenstherapeutin. »Meine Frau kapiert jetzt erst, was gründliche und tiefschürfende und ausgewogene Therapie bedeutet. Sie tritt aus ihrer früheren Abhängigkeit heraus, durchschaut ärgerlich das lange Bündnis, lässt den Kindern freieren Lauf und wird mir immer mehr eine ebenbürtige Partnerin.« Ich gratulierte ihm und aus der Ferne ihr und musste zusagen, dass ich für den Fall von ernsten Krisen immer für Notbesuche zur Verfügung stehen würde. Da ich für das »Erntedankfest« nichts berechnen wollte, was er nicht zuließ, verabschiedete er sich mit dem Satz: »Dann muss ich Sie eben anders entlohnen!« Ich nehme an, in Form einer edlen Flasche Wein. Am Rand eines Abgrunds in der Ehe schieden wir trotzdem in angenehmem Frieden. Doch es schien mir ein Pseudofrieden zu sein. Der Preis war, dass er sich im Streitfall mit ihr deutlich auf ihre Seite gestellt hatte. Ihr Zerwürfnis mit mir blieb ungelöst.

Nach mehrjähriger Pause meldete er sich in mehrmonatigen Abständen für eine kurze Nachtherapie, die ihm auch half, gelassener mit seiner immer noch schwierigen Ehefrau umzugehen. Es gelang ihm aber nicht, sie noch einmal in eine Stunde einzuladen, um sich mit mir zu versöhnen.

Eine ausgefranste Therapie

Der etwa 50-jährige, leicht kahlköpfige, scheue Patient kommt wegen niederdrückender, anhaltender Trauer um seine syrische, sehr geliebte Freundin, die ihm aus H. nach der für ihn verlockenden Stelle als Leiter einer medizinischen Forschungsabteilung nicht nach F. folgen wollte. Sie hatte in H. syrische Freunde und einen fesselnden Assistentenjob. »Wenn sie mich wirklich geliebt hätte, wäre sie doch mit mir umgezogen.« Er sagte dies in einem verwundeten und vorwurfsvollen, ja bitteren Ton, wie ein extrem sanfter Macho, dem seine selbstverständliche Rangfolge von Mann und Frau gar nicht auffiel. Er verstand seine Bindung als schicksalhaft und endgültig und hatte Angst, er werde nie mehr eine solche Partnerin finden. Dabei war die Freundschaft noch ganz am Anfang, ohne tieferes Kennenlernen in erkundenden Gesprächen und kleinen Orientierungskonflikten. Er hatte sich hier aber rasch mit einer sehr geräumigen Wohnung. verschuldet, bereit, dort in ferner Zukunft sogar eine Familie zu gründen. Denn im ersten Jahre der Therapie wurde ihm widerstrebend klar, wie langweilig und schwerblütig die für ihn trotzdem bergende, aber ferne Familie – Vater, Mutter, einziges verwöhntes Kind – gewesen war. Deren Wohnung war ihm allmählich ein kuscheliges Gefängnis geworden, aus dem er nur selten und mit Schuldgefühlen ausbrach. Je tiefer wir in seiner Kinder- und Studentenbiographie gruben, desto abschreckender wurde ihm seine enge Herkunftsfamilie.

Die Schule fiel ihm leicht, er galt als hochbegabt, eine medizinische Hochschulkarriere schien bereits vor ihm zu liegen, hätte er nicht endlos geschwankt zwischen diesem dornigen Weg und der Aussicht auf eine Solisten-Laufbahn mit dem Cello. Ein Misserfolg bei der Bewerbung an einer von ihm bevorzugten Musikfakultät zwang ihn ins ungeliebte Arztstudium. Das erste Jahr der Therapie verging mit der gründlichen Analyse von Abstammung, Elternbeziehung, Wohnungsenge, Vaters gewissenhaft erfülltem Lehrerjob, Mutters mangelnder Bildung und heftigem Ehrgeiz für den Sohn und fehlender Freunde. Alles war hinter einem Schleier von Dankbarkeit, Loyalität und Idealisierung verborgen gewesen. Vieles konnte vertieft werden durch die Einbeziehung von gestalttherapeutischen Elementen. Dadurch wurden ihm viele diffuse und abgewehrte Gefühle zu wichtigen Menschen erst bewusst, er staunte dankbar über den Reichtum der für ihn verborgenen Affekte gegenüber wichtigen Personen, präsenten und fern verstreuten sowie großelterlichen Introjekten.

Das zweite Jahr wurde hauptsächlich in Anspruch genommen durch schmerzhafte und verwirrende Probleme an seiner Fakultät. Er litt dramatisch unter seinem knorrig-starren Chef, der ihm eine längst gebührende Anerkennung verweigerte, kleinliche Arbeitsvorschriften machte. Dieser kam sicher nicht damit zurecht, dass mein Patient in seinem Spezialfach weltweite Anerkennung erlebte und viel mehr Forschungsdrittmittel ins Haus brachte durch Projekte, die er selbst über die angesehensten Agenturen ins Leben rief und damit väterlich-fürsorglich junge Forscher in Brot und wachsendes eigenes Ansehen bringen konnte. Versprochenes Geld für eigene Forschungsmöglichkeiten hielt der Ordinarius oft auf unberechenbare Zeit zurück. Ungeübt in Konflikten und durch elterliche Vorbilder in Friedfertigkeit erzogen, war es ihm wegen andauernder Beschämungen nicht möglich, sich zu wehren und zu fordern. Immer wieder stellte er traurige Berechnungen an, wie viele Jahre er unter den abschreckenden Bedingungen noch zu dienen hätte und wie viele finanzielle Nachteile ihm ein vorzeitiges Ausscheiden bringen würde. Vorsichtige Sondierungen nach einer anderen Stelle oder die Suche nach einem Beitritt in eine große private Praxis in H. scheiterten durch seine Zögerlichkeit. Die Berufung auf eine andere, durch anerkannte Theorie und Praxis gerechtfertigte Stelle scheiterte an seinem fortgeschrittenen Alter. Sein relativ freudloses Dasein wurde immer wieder aufgehellt durch Musik mit mehreren Instrumenten. Höhepunkt war die Klavierbegleitung einer viel jüngeren und ebenso wie er hochbegabten Geigerin. Ihr Zusammenspiel waren die Höhepunkte des Monats durch einen musikalischen und erotischen Rausch. Doch ach, die Freundin war gebunden an einen viel zu väterlichen und klammernden Ehemann.

Doch diese dritte, diesmal schleichende Liebeskatastrophe verstärkte seine Einsamkeit sowie seinen Horror vor den Parship-Verheißungen und der vermutlichen Beziehungsarbeit und der damit verbundenen Mühsal der Gestaltung einer tragenden Beziehung. Er hatte als Student mit einer scheiternden Ehe begonnen und hing danach an einer tief verankerten »Feenhoffnung«: Das Schicksal werde ihm ohne die Arbeit einer Werbung oder gar eines Kampfes schon die geeignete Braut zuführen. Die Fee wäre bereits zur Ehetauglichkeit vorpräpariert. Als er sich nach langem Zweifel und vertieftem schmerzlichem Alleinsein noch einmal dem Auswahl bietenden »Parship« zuwenden wollte und seine Tochter um Rat fragte, wie er sich wohl darstellen könne, hielt diese ihn zu seinem hohen Erstaunen für »garantiert vermittelbar«. Ich überließ ihn dann aber meinem Angebot, ihn zu stützen und zu supervidieren, sowohl bei der Selbstanzeige wie bei dem zu erhoffenden Auswahlverfahren der Bewerberinnen. Mir ging sein Elend, wie analytisch abstinentere Kollegen es nennen würden, emotional zu nahe, und ich gab ihm als Hausaufgabe das Verfertigen von agenturtauglichen Selbstportraits. Er schob den Auftrag lange hinaus, und als ich ihn – noch immer zu wenig abstinent – drängte, erhielt ich noch sehr unbeholfene Ausfertigungen, die seine Person sogar eher in den Schatten stellten.

Noch weniger abstinent: Als er in sich zusammensackte vor Resignation und Enttäuschung, wurde mir etwas bang, zumal für ihn eine der üblichen Kongressreisen bevorstand: nach Südamerika. Bei solchen Reisen verschaffte er sich für einige Tage auch Extra-Urlaub für wissenschaftliche Begegnungen mit vertrauten, weltweit verstreuten Kollegen. Er erntete Erfolge durch eigene Vorträge.

Sein Orchester machte jährlich zwei Reisen, war zu Gast in attraktiven italienischen, spanischen oder auch ferneren Städten. Also Ablenkung und Begegnungen zuhauf, eingeschlossen Diskussionen oder Flirts durch die langen Busfahrten und die auch ihn auflockernde Fahrt.

Im Zuge dieser »Abenteuer« rückte das Thema Frau mehr in den Vordergrund, seine Bindungssehnsucht und Einsamkeitsprobleme verschärften sich. Wie zur Erholung von den therapeutischen Strapazen nahm er sich gelegentlich Pausen von echten, nicht nur kongress-gebundenen Urlaubswochen mit langen Vorplanungsphasen.

Die erste Ausdünnung der Termine fand statt, als der verknöcherte Ordinarius ausschied. Ein neuer Chef bedeutete Hoffnung, aber keine Entlastung, weil alles neu organisiert werden musste. Das brachte wegen der Umorganisation schwere Erschöpfung und Pausenwünsche in der Therapie, aber immer noch Kontinuität. Doch ihn (und mich) drückte seine Einsamkeit weiter, auch seine Mutlosigkeit in Sachen Weib. Die Trauer um die frühere Freundin schien weitgehend beendet. Sie wurde gerade abgelöst durch den inzwischen erfolgten Tod der fast 90-jährigen Mutter, die ihn noch im letzten Telefonat wie immer angeklagt hatte wegen zu seltener Besuche, sie wohnte 500 km entfernt. Er hatte jetzt aber Schuldgefühle, da er nicht sofort hingereist war, als deren Haushälterin eine rapide Verschlechterung der Gesundheit meldete. Nach klaren Anzeichen von Trauer kann er sich auch auf das Gefühl der Erleichterung einlassen, dass nicht mehr Klinik und Pflegeheim nötig waren, sondern der Tod zuhause im Schlaf erfolgte. Durch Beerdigung und Wohnungsauflösung, die ihn beide sehr niedergeschlagen und wochenlang depressiv hinterließen, hat sich das Verhältnis zu seinen erwachsenen Töchtern zu seiner Erleichterung sehr verbessert, deren schleichender Groll wegen der lange zurückliegenden Scheidung hatte sich gelegt.

Seit er sich halb entschlossen hatte, ob der emotionalen Dauerbelastung durch das Arbeitsklima in der Klinik durch eine Kündigung in vorzeitige Rente zu gehen, wurde er ruhiger. Doch der neue Chef weckte noch einmal Hoffnung auf eine gedeihliche Kooperation, dadurch fühlte er sich befreiter und bemühte sich dennoch parallel aktiv um eine später folgende Veränderung: Privatpraxis.

An seiner Einsamkeit hat sich noch nichts geändert, er hat zwar gute Freunde, aber keine Freundin, fasste aber wieder ein Ausschauhalten über Annoncen und Parship ins Auge. Im Zeichen des Todes der Mutter tauchten neue biographische Erinnerungen auf: extreme Enge und seelische Umklammerung durch die Mutter, Vereinsamung schon auf der Schule durch seine Unsportlichkeit und Isolierung wegen seiner intellektuellen Hochbegabung mit leichter Arroganz gegenüber der Klasse.

Doch die für ihn emotional anstrengende Suche nach einer Frau quälte ihn weiter und er bat um eine Therapiepause, deren Dauer sich immer weiter verlängerte. Ich hatte ihn seither fast ein Jahr nicht mehr gesehen. Zum Pausenwunsch hatte ich ihm noch meine »Diagnose«, gleichzeitig mein Bild von ihm, mit auf den Weg gegeben: »Hellwach, diskutierfreudig, literarisch interessiert, musikalisch hoch begabt, reiselustig, wanderfreudig, einfühlsam, zuverlässig, erotisch stark interessiert, mit erheblichem Nachholbedarf auch an Zärtlichkeit, sowohl anlehnungsbedürftig wie führungsbereit.« Und von mir wieder unabstinent: »Falls Sie je meiner geliebten Schwester begegnet wären und um sie geworben hätten – nein, sie hätte es ja selbst tun müssen angesichts ihrer Scheu –, dann würde ich mich sehr gefreut haben über diesen Schwager.« Das rührte ihn zu Tränen und seinem erneuerten Vorsatz: »Irgendwann will ich mit Ihnen weitermachen am Thema Frau.« Seither warte ich vergeblich.

Trotz seiner seelischen Verkrampfung und Scheu vor Nähe konnte er nicht viel anfangen mit Halt gebender Berührung, er fand meinen Vorschlag »verwunderlich« und unangemessen, »Händchen halten mit einem Mann!«, wohl auch weil er drei Anmach-Versuche von Männern schaudernd überstanden hatte. Doch als er es, neugierig geworden, einmal probieren wollte und ich nach ein paar verlegenen Stunden nach seiner Übertragung auf mich fragte – der Vater schied wegen dessen Kargheit rasch aus –, schlug ich vor: »Nicht erlebter älterer Bruder.« Da floss eine Sehnsuchtsträne, doch dann die für uns beide große Überraschung: »Ihre berührende Nähe führt zu einem lähmenden Umklammerungsgefühl durch Mutter!« Die Angst vor einer Frau fand auf diese Weise noch eine zusätzliche Erklärung. Im Geist begleite ich ihn noch immer bei seinem Lebensgang durch die Einsamkeit.

Spätere Ergänzungen aus der früheren Arbeit
Er blieb bis zuletzt höflich »pflegeleicht«, wagte aber vorsichtig, manchmal Deutungen anzuzweifeln oder gar zurückzuweisen. Die Beziehung ist bisher weitgehend konfliktfrei geblieben, bei noch immer deutlicher Bindungsangst an mich. Sein extremes berufliches Pflichtgefühl macht es ihm noch immer unmöglich, außerhalb der einzig freien Abend-Therapiestunde einmal die Klinik vor 18 Uhr zu verlassen oder gar ein einziges Mal zu einem »Arzttermin« während der Dienstzeit zu kommen, wenn ich mal verhindert war. Ein Programmpunkt der Therapie war also auch »Überich-Milderung« und Distanzierung von der Pflichtstrenge des väterlichen Beamten. Dies alles wirkte nicht im klinischen Sinne zwanghaft, sondern wie ein charakterliches Dressat in einer fast ungemilderten Identifizierung. Das Zusammenleben mit beiden Eltern war aus enormer Konfliktscheu künstlich freundlich, wenn auch langweilig gehalten gewesen. Das wurde erst spät im latenten Groll gegen die Mutter deutlich.

Aus dem Fortsetzungsbericht für die Krankenkasse: »Mitarbeit, Engagement und Pünktlichkeit sind ausgezeichnet, die Regressionsangst ist vermindert, Augen schließen auf der Couch möglich, sexuelles Erleben und Erinnerungen werden trotz bleibender Scheu zugänglich.« Die extreme Körperscheu konnte gemildert werden durch Körperarbeit im Stehen (Drücken, Seil-Ziehen, Krafttraining, im Liegen Strampeln, Treten, Räkeln), lauter ihm unbekannte Dinge, mit in der Folge bedeutsamer Veränderung der oft depressiv getönten Anfangsphase der Stunden. Neu war der Entschluss zu einem Tanzkurs, der kalendarisch einzubauen lange Planung erforderte. Vor der Pause noch der Wunsch, wöchentlich zweistündig zu arbeiten, auch wegen des Kampfes um größere Regelmäßigkeit der Stunden bei Ausfällen durch Vortragsreisen. Das war bald wieder vergessen. Als Mutprobe ins Auge gefasst: endlich freie Nachholtermine, durch erstmalig im Leben erprobtes »Schwänzen« (in der Schule nie) im Dienst, mit Stolz wenige Male geglückt. Damit schloss er unerwartet und entgegen dem zweistündigen Plan die Arbeit fast unvermittelt ab und hinterließ bei mir das traurige Gefühl eines unfertigen Unternehmens, wie sich in der Zukunft herausstellen sollte. Ich bleibe aber gewillt, ihn auch nach langem Fernbleiben mit einer neuen Einladung zu überraschen.

Sanftes Ausschleichen der Analyse in theologische Gespräche

Noch vor der ersten Stunde hatte ich nach dem Grund ihres Wunsches für Analyse gefragt und folgenden stark gekürzten Brief erhalten:

»Das, was mir jetzt wichtig ist, sind folgende Problembereiche: Langjährige depressive Blockade, die mich ein Leben in strikter und aufopfernder Pflichterfüllung, aber ohne nachhaltige Freude, führen lässt. Das Gefühl, innerlich tot und unendlich leer zu sein. Ich fühle mich verdorrt, auch bei meiner Arbeit, ein Leben ›als ob‹; eine Art Seelenanästhesie, die monoton mich selbst anklagt und zu immer mehr Anstrengung antreibt. Chronische Suizidalität, das Gefühl einer instabilen Balance. Kein sicheres Gefühl für den Wert eigenen Tuns oder Erlebens.

Seit langen Jahren ununterbrochener körperlicher Schmerzzustand, vor allem im Schulter-/Nackenbereich, aber letztlich auf den ganzen Körper ausgedehnt – kein Tag schmerzfrei, erheblicher Schmerzmittelbedarf, dadurch Linderung, aber nie Schmerzfreiheit. Schwere körperliche Erschöpfung, innerliche Unmöglichkeit, auch nur in Gedanken »loszulassen«. Gefühl von Selbsthass in Verbindung mit der Erfahrung, in meiner inneren Eigenbewegung gebremst zu sein. Schwarzes Gottesbild, das kein Erbarmen nach innen kennt. Unmöglichkeit, Ärger und Wut nach außen auszudrücken.

Biographischer Hintergrund: Geboren und aufgewachsen in Bayern in kleinstädtischer Umgebung als Tochter eines extrem dominanten und autoritären Lehrers und seiner Frau. Vater Flüchtling aus Ostpreußen, evangelisch, ein Mensch, der hohe Ideale gepredigt hat und an dessen Lippen ich hing, von dem ich schon als kleines Mädchen sadistische Ausbrüche gegen mich mit sexuellen Übergriffen und narzisstischem Missbrauch erlebte. Später hatte er wechselnde außereheliche Beziehungen, von denen ich wusste und die ich ›hütete‹ vor dem Blick der

Mutter. Wir sprechen seit vielen Jahren kaum das Nötigste miteinander. Die Mutter, katholisch, außerordentlich angstvoll und schwer depressiv. Sie sollte Nonne werden, verließ das Kloster nach mehreren Jahren und heiratete später meinen Vater. Nach wenigen Jahren Berufstätigkeit im Büro und als Hausfrau, »ich habe euch mein Leben geopfert«, zwei Kinder. Sie ist unglücklich, neidisch und resigniert. Ich war Vaters Kind. Habe mit fünf Jahren phantasiert, ich würde entführt und müsste nie mehr in diese Familie zurück. Ich stand immer zwischen den Eltern, als Vermittlerin, Parlamentär. Ein Jahr Kindergarten, sowohl dort als auch in der Schule Außenseiterin, teilweise wegen der Mischehe der Eltern.

Mit 15 Jahren konversionsneurotische Symptomatik mit Lähmung des rechten Armes über Monate, mit Tranquilizern behandelt. In der 13. Klasse schwerer depressiver Zusammenbruch, mehrere Monate Abwesenheit von der Schule, zweimal psychosomatische Klinik. Medizinstudium, Internistin. Nach zwei Jahrzehnten in Kliniken jetzt private Praxis. Mehrere heftige Ehekrisen. Es gibt sicherlich einen nicht unerheblichen Groll in mir über meinen Mann und über die Entwicklung unserer Beziehung. Eine lange, grausam sterile, vorwurfsvolle Psychoanalyse bei einer angeblichen Koryphäe, zwei kürzere stützende und rettende Therapien mit männlichen Therapeuten.

Ich habe, wo auch immer, den Ruf der Eisernen Lady, und es gibt Momente, da bin ich darauf sehr stolz – zumindest kann mir das niemand nehmen. Ich bin für meine Geradlinigkeit und Unerschrockenheit bekannt, wie auch für meine tiefe Loyalität und dafür, dass man sich immer und unter allen Umständen auf mich verlassen kann. Die Zartheit gegenüber anderen kontrastiert mit der Härte gegen mich. Ich spüre, dass ich kaum Möglichkeiten habe, mich zu schützen und – noch viel weniger – mich zu verteidigen. Ich erstarre im Schmerz.«

Es fiel mir leicht, sie anzunehmen, besser zu adoptieren, sie schien mich nach einer Doppelstunde wegen längerer Anfahrt ebenfalls unerschütterlich erwählt zu haben. Es wurde angesichts der frühen Traumatisierung – geboren mit dem falschen Geschlecht, tiefe narzisstische Enttäuschung der Mutter – eine sehr lange Analyse, genauer: eine körperanalytische Traumatherapie.

Sie brauchte eine lange Prüfung, bevor sie sich auf die Couch wagen konnte, der Blick spielte eine große Rolle zwischen sehr kritischer Beobachtung von mir und innigem Wunsch nach Verschmelzung. Ein langer Bericht findet sich in meinem Buch *Großmütter, Mütter und Töchter* (Frankfurt a. M. 2015) unter dem Titel: »Hilfe, es gibt mich nicht!«

Es fiel mir, wie schon gesagt, bereits in der ersten Doppelstunde leicht, sie als Patientin anzunehmen, und sie akzeptierte mich aufatmend ebenfalls für eine lange, spannende, phasenreiche, teils dramatische, teils für sie auch beruhigende Analyse. Es brauchte lange, bis sie den Mut fand, sich auf die Couch zu legen, aber dann wurde diese zum Ort der Geborgenheit, der Verzweiflung, des Fluchs, der Heimat und zum Sanatorium. Und meine Hand wurde zum Halt, diente zur Beruhigung in den Stürmen der oft rapide wechselnden Übertragung. Bei ihr waren mir besonders hilfreich meine auch an mir selbst erprobten Elemente der Gestalttherapie. Anders hätte ich die Abstürze in Hass und Verachtung weniger gut überstanden, weil oft nichts blieb von der meist stabilen Arbeitsbeziehung: Zu viel aufgestaute Vernichtungsgefühle warteten auf ihre Wiederbelebung, und ebenso die Gruft der aufgestauten mörderischen Affekte, die nie, außer gegen sich selbst, hatten gezeigt werden dürfen.

Sie konnte an meiner Hand toben gegen die neidisch-kalte Mutter, die den kleinen Bruder so unverhüllt vorzog, und gegen den autistisch-doktrinären Vater, der sie benutzte als Prinzessin, narzisstisches Aushängeschild, Machtmittel gegen seine Frau und schließlich als sein verfügbares Objekt missbrauchte. Und dies in seiner Leidenschaft für halb verhüllte Fotoposen eines Kinderstars, für gewagte Schnappschüsse und kleine Filmchen. Zu beiden Eltern bestand eine Beziehung der rachsüchtigen Demütigungen, da sie beide um die Macht über die Tochter kämpften. Unter Tränen des Zorn konnte sie der Mutter entgegenschleudern: »Du Monster«, und dem Vater: »Du egoistischer Tyrann!« Sie reduzierte die spätere Beziehung auf die nötigsten Kurzbesuche. Die Tragödie im späteren Leben mit ihrem Mann wiederholte manche Aspekte der grausamen Entwertung, aber sie konnte sich »schon wegen der Kinder« nicht trennen, und so hatte ich oft den Eindruck einer Schreckens-WG.

Es gelang ihr, auf der Couch zu regredieren auf die Stufe eines Neugeborenen, das in meinen Augen ein anderes Willkommen finden und zu genießen vermochte als den entsetzten ersten und dann wohl dauerhaften Blick der Mutter auf das ungewollte kleine »Biest«, das ihr eine eigene Berufslaufbahn zerstörte.

Die Patientin opferte sich auf für ihre Patienten. Es war schwere Arbeit, mit ihr Formen der Abgrenzung zu finden, die sie schützten vor dem Verschlungen-Werden durch zu viel Leid, das ihr in der wachsenden Praxis entgegenschlug. Sie staunte, als ich sagte, sie habe das Recht auszuwählen und auch Nein zu sagen. Deshalb diente die Couch auch oft als Ort der puren Erholung gegen eine immer wieder drohende Dauererschöpfung. Rückschauend muss ich gestehen, dass ich auch Rettungsphantasien hatte: Dass die attraktive Person irgendetwas wie ein Liebesglück finden könnte, dass die Aufopferung für Mann und Kinder ein Ende nähme und die oft wehrlos sich an zu viel fremdes Leid quasi ausliefernde Therapeutin Ruhe und Erholung finden könnte.

Sie schämte sich, wie viel regressive Hilfe sie brauchte. Und zu einem wichtigen Thema fand sie bei mir keine Hilfe: Sie war in ihrer Not ein extrem frommes Kind geworden, das aber im Griff eines strengen Gottes blieb. Sie scheute sich, das zum Thema zu machen, in der Angst, dass ich ihr, wie der Vater, *mein* Gottesbild aufzwingen oder die Reste eines guten kindlichen Gottesbildes geringschätzen könnte.

Da brachte die Entdeckung einer evangelischen Theologin eine Art Erlösung. Sie fand zu befreienden Gesprächen mit ihr, die zu einer gütigen Mentorin wurde, fast eine Freundin, zu der sie alle religiöse Not ohne Scham tragen konnte. Ich empfand gelegentlich Spuren von Eifersucht, meine eigene lange Befreiung von Gott in meinem

Sanftes Ausschleichen der Analyse in theologische Gespräche

Buch *Gottesvergiftung* blieb ungenutzt, ja, sie wäre als Bedrohung von ihr erlebt worden. So musste ich die Theologieprofessorin als »Ko-Therapeutin« akzeptieren und anerkennen, dass sie über einen anderen hilfreichen Zauber verfügte. Die Patientin dünnte die Stundenfrequenz aus, mit dem Gewinn von wählender Autonomie zwischen zwei Elternfiguren, die zwar nicht vereint kooperierten, aber sich nicht wie die Eltern bekriegten.

Ich hätte sie gerne noch umfänglicher alleine »geheilt«, trauerte um meinen nur halben Erfolg. Die Arbeit in der großen Nähe der vertrauensvollen Regression hatte zu einer Bindung geführt, die es mir schwer machte, sie einfach abzugeben und ziehen zu lassen. Aber wir schieden trotzdem in Frieden. Aber: »Ohne Liebe keine Heilung«, schrieb Sandor Ferenczi und machte sich damals schon in orthodoxen Kreisen unbeliebt.

Sie meldete sich immer wieder brieflich und dankbar, ich schickte ihr ab und zu neue Texte von mir, las mit Bewunderung ihre späte Prüfungsarbeit zur Psychotherapeutin, in der sie Psychoanalyse und Theologie zu verbinden versuchte, zwei Disziplinen, bei denen man in gleicher Weise Kraft und Orientierung schöpfen durfte, ohne Neid und Geringschätzung fürchten zu müssen. Meine Reifung, die ich ihr verdanke, bestand in einem Gewinn von therapeutischer Großmut. Der heilte sogar eine von meinem Lehranalytiker geschlagene Wunde, da er mich einst erpresste: Er verbot mir, zusätzliche körpertherapeutische Hilfe zu holen in einer Phase der stagnierenden Depression bei seiner Arbeit: »Entweder Sie lassen die zusätzliche frühe analytische Körpererfahrung bleiben, oder ich beende meine Arbeit mit Ihnen.« Zwischen der Patientin und mir besteht eine stille Hochachtung und Dankbarkeit weiter, wir tauschen Geburtstagsgrüße aus, und sie dankte mir zu meinem achtzigsten Geburtstag für den langen und hilfreichen Weg mit mir.

Als ich sie nach Jahren um ein abschließendes Bilanzgespräch bat, blieb ich ohne Antwort zurück.

Abnehmendes Lebensinteresse:
Eine Trennung auf Raten

Ein knapp siebzigjähriger Ingenieur klagt, dass seine Vitalität erlahme und er immer beschwerlicher gehe, auch wegen zunehmender Beleibtheit. Er verspricht sich viel von einer Fastenkur, sucht lange nach einer geeigneten Klinik. Diese Suche mit wechselndem Engagement begleitet uns mindestens eineinhalb Jahre, mit Anfragen, Anmeldungen, Abmeldungen, Bedenken und neuen Entschlüssen. Er fürchtete als allein lebender Halbwitwer (seit Langem getrennt) den lauten Patientenhaufen im großen und wohlbekannten Sanatorium, die Anstrengung des Fastens, die verlangte Disziplin, die weite Fahrt dorthin, die gründlichen Voruntersuchungen. Am meisten aber kränkt ihn, dass trotz seiner vielen freien Zeit auch sein früher lebhaftes Interesse an Kunst und Musik, das ihn seit seiner Jugend begleitet hat, nachlässt und er immer häufiger vergisst, in der Tageszeitung das Programm zu den täglichen kulturellen Angeboten wie früher zu lesen.

Er schildert seine Jugend in wohlhabender Familie als brav und angepasst und wenig von eigenen Initiativen geprägt. Einzig sein verehrter Vater habe ihn an seinen kulturellen Unternehmungen beteiligt und ihn häufig mitgenommen. Als ich ihn frage, wie er sein Verhältnis zu ihm charakterisieren würde, kommt: »Er war ein Patriarch, der aber kaum eine sehr persönliche, liebevolle und zugewandte Beziehung zu mir gepflegt hat. Und die Mutter war ohnehin kulturell nicht sehr interessiert und ging im Haushalt und in Repräsentationspflichten auf.«

Als er auf die mangelnde Wärme des Vaters zu sprechen kommt, überfällt ihn eine ihm noch rätselhafte Trauer. »Wir waren eine Vorzeigefamilie, und ich war immer stolz auf sie. Alles schien in Ordnung. Ich hatte früh einen eigenen kleinen Wagen, aber er diente nur meiner Ablenkung und scheuen Flirts. Und so muss ich heute zugeben, dass ich in Sachen Kultur weitgehend aus zweiter Hand gelebt habe, in dankbarer Identifikation mit meinem Vater, der mich mit seiner Begeisterung immer angesteckt hat. So als seien meine früheren Initiativen nur angeklebt, geliehen, einfach oberflächlich übernommen gewesen. Und dabei waren sie doch unsere schmale Brücke zueinander, von der ich nie wusste, wie brüchig sie war. Mich schaudert ein wenig ob dieser Entdeckung. Wie viel Unechtes mag also an meinen Liebhabereien gewesen sein! Und nun verstehe ich auch, wieso alle Versuche, ein Instrument zu spielen oder zu malen, mit Begeisterung begonnen, so rasch wieder im Überdruss geendet haben. Ich wollte ihn erreichen damit, ihm vorspielen, ihm nahekommen, er aber urteilte im Lauf der Zeit nur noch geringschätzig über meine Versuche und lehnte es ab, weitere Musik- und Malstunden zu bezahlen. Nur die Mutter blieb für mich ehrgeizig, aber ich wollte ihr nicht wirklich dienen und Freude bereiten. Meine getrennt lebende Frau hatte in Sachen Kultur die Rolle meines Vaters übernommen. Sie war die Begeisterte, reich an Initiativen, ich bin ihr dankbar gefolgt und fühlte mich mit Anregungen verwöhnt. In gewisser Hinsicht lebte ich in ihrem Schlepptau.« Er wischte sich verstohlen einige Tränen ab, und als ich ihn nach einigen noch zu einem Besuch vorgemerkten Museen fragte, nahm er sich in einer lebhaften Aufwallung vor, doch noch einmal Fahrpläne zu studieren oder an Kurzreisen mit seinem Auto zu denken. Doch alles blieb später fast ohne Ergebnis.

Dann berichtete er mir noch zum Teil unbekannte biographische Details: Geboren in Jugoslawien, wo der Vater, Arzt, eine für ihn undurchsichtige militärische Funktion gehabt haben soll. Es folgten Vertreibung und lange Flucht, mit wechselnden Aufenthalten, vielen Begegnungen mit desertierten Soldaten, späteren Heimkehrern aus Krieg und Gefangenschaft in durchweg höchst instabilen Verhältnissen. Dann gründete der Vater eine insgesamt erfolgreiche internistische Praxis.

Als Kind erlebte er, noch bei einem Zwischenaufenthalt in der DDR, ein ihn erschütterndes Erlebnis, das seine Vaterbeziehung wohl definitiv, wenigstens im seelischen Untergrund, beschädigte: Bei der Pilzsuche mit den Eltern wurden sie von zwei im Wald streunenden russischen Soldaten überrascht, die brutal die hübsche Mutter aufforderten mit dem üblichen: »Frau komm mit!« Die Oma wollte sich statt ihrer Tochter anbieten, wurde aber beiseitegestoßen. Die Mutter kam, vermutlich mehrfach vergewaltigt, nach einer Stunde zurück. Erst nach jahrelangem Nachdenken über die dem kleinen Jungen unbegreifliche Szene ging ihm auf, dass der Vater das Ereignis starr und wie unbeteiligt beobachtet hatte, ohne einzugreifen. »Gut, vielleicht hat ihm seine Lähmung oder Feigheit das Leben gerettet, aber ich fand ihn damals als Jugendlicher rückblickend eben feige, und davon ist sicher etwas geblieben. Auch ich war und blieb konfliktscheu, auch als lange im Ausland tätiger Chemiker, vor allem meinem späteren Chef gegenüber. Ich hinterging ihn stattdessen mit regelmäßigem Zu-spät-Kommen, das jedoch kaum je bemerkt wurde.«

Am Anfang der Therapie hatte er zwei Geliebte, die er bei regelmäßigen Besuchen in einer schummrigen Bar als Anmacherinnen und vielleicht Gelegenheitsprostituierte kennengelernt hatte. Eine Asiatin hielt er regelmäßig und liebevoll aus und sorgte für ihre Kinder, die andere, rassiger und hübscher, bezahlte er großzügig bei ihren – eine Stunde Anreise erfordernden – Besuchen, bei denen sie über Nacht blieb. Ein ihn oft beschäftigendes Leidensthema blieb trotz seiner sehr genossenen Liebesabenteuer der Zweifel, wie sich die ersehnte Liebe und die Bezahlung miteinander vertrugen. Alle Anzeichen sprachen dafür, dass die Damen ihm herzlich zugetan waren, wobei die zweite die geistreichen Gespräche sehr schätzte und ihn dafür bewunderte. »Doch der nagende Zweifel blieb. Ich habe sie ja nicht wirklich für mich erobert, sondern eben gegen Geld für Jahre abgeschleppt.« Gelegentlich hatte ich die endlosen halbmännlichen Skrupel auch satt, zumal er mich immer wieder unter der Hand zum Voyeur zu machen suchte. Aber die bezahlten Beziehungen hielten ihn auch lebendig, und das stimmte mich versöhnlich, weil das seine Tendenz milderte, vorzeitig zu altern.

Abnehmendes Lebensinteresse: Eine Trennung auf Raten

Die einstündig geführte Therapie verwandelte sich langsam in eine stützende Veranstaltung, sodass er mich eines Tages entlastete: »Viele therapeutische Ergebnisse werden Sie nicht mehr einfahren, aber ich lerne mich trotzdem auf eine neue Weise kennen.« Seine Kinder wohnten weit weg bis auf einen Sohn mit zwei wohl musisch begabten Enkeln, zu denen er aber keine genussvoll großväterliche Beziehung fand, was mich schmerzte angesichts der Vereinsamung seines Lebens. Ich bot ihm viele Bilder möglicher Einladungen an sie an, denn sie gerieten allmählich in ihre Pubertät: Kleine Kunstreisen, Konzerte, bildende oder bereichernde Geschenke, doch es fruchtete wenig, und ärgerlicherweise hatte er größte Mühe, sich an deren Geburtstage zu erinnern. Ein möglicher später Reichtum des Lebens zog ungenutzt an ihm vorüber, er wusste es und schalt sich, aber wir fanden keinen tieferen Grund für seine gravierende Zurückhaltung.

Der Patient akzeptierte es, dass ich ihm vorschlug, ihn nach mehr als drei Jahren mit teils aufdeckender, teils stützender Lebensbilanz- und Ermutigungstherapie als Depressiven zu behandeln: Zu sehr fühlte er sich oft müde und resigniert, und scheu verwendete ich zuerst das Wort Depression. Doch er schien sogar erleichtert, weil er sich nun nicht mehr in der »Pflicht« fühlte, lebensbejahende Fortschritte zu machen. Er hatte sich einige Male von mir ermuntert auf die Couch gelegt und meine Hand gehalten, er nannte es bald »Tanken«. Immer wieder setzte er sich auf, um von seinem gelegentlich aufregenden Liebesleben zu berichten.

Die Diagnose Depression entlastete ihn einerseits, auf der anderen Seite geriet er in eine sehr resignative Stimmung, betonte aber bestätigend, dass dieses »Leiden« ihn ja schon früh, zuerst kurz vor und beim Studium heimsuchte, das er dennoch immer wieder in fröhlicher Trink- und Freundesgruppe auch genossen habe. Einmal fuhr er im Liegen erstaunt auf: »Ihre Hand erscheint mir viel größer als meine, das ist merkwürdig.« Ich teilte ihm mit, dass ich annehme, er sei mit einem Teil seiner Person auf eine kindliche Ebene regrediert, in der er sich vermutlich nach einer väterlichen Hand sehnte, die ihm nie zuteilwurde. Er stimmte sofort zu und sagte: »Ich staune, wie angenehm mir Ihre große Hand erscheint«, und es kamen ihm Tränen, die er zunächst zu verbergen suchte, bis er nach meiner Ermunterung freier weinen konnte. Als er sich wieder gefasst hatte, gestand er, dass er die Nähe und Geborgenheit genieße, doch nach einigen Minuten griff er mit beiden Händen an die Brust und stöhnte: »Es fühlt sich an, als ob hier ein großer Stein läge und mich schmerzhaft niederdrückt. Ich kann mich auch nicht erinnern, dass ich je um Vaters Hand gebeten hätte. Sein körperlicher Abstand war einfach zu selbstverständlich normal bis abweisend.« Ich deutete: »Mit dem schweren Stein haben Sie wohl Ihre unbewussten Gefühle der unerfüllten Sehnsucht begraben.« Er darauf: »Dann habe ich ja den einen Schmerz mit einem anderen zugedeckt!« »Ja«, sagte ich, »ein Körpergefühl musste einspringen für einen seelischen Schmerz.« Er ist dankbar für die Erklärung, die ihm einleuchtet und ihn leicht hoffnungsvoll stimmt. »Dann könnte ja noch etwas zu machen sein, wenn die Ursache in der Seele liegt.« Ich bitte ihn, im Liegen zu seinem Vater zu sprechen, aber er kann sich kaum an konkrete Gefühle in der Rückschau erinnern. Ich: »Sie hatten sich zu gründlich verabschiedet von ihnen. Der Preis war der Verlust an Lebendigkeit, die Sie immer wieder beklagen.«

Im Zusammenhang mit der »großen warmen Hand« hatte ich den Ausdruck »inneres Kind« erwähnt, das er heute deutlicher mitgebracht habe. »Vielleicht wollen Sie ihm eine neue Chance geben?« Da fällt ihm »siedend heiß« eine Erinnerung an seine erste Therapeutin ein, als er, Ende zwanzig, depressiv war und Angst vor dem Berufseintritt hatte. »Sie hat auch von meinem inneren Kind gesprochen, ein Ausdruck, mit dem ich damals nichts anfangen konnte. Aber sie zeigte mir eine Puppe, die sollte ich halten und mich mit ihr anfreunden. Aber das fand ich zu schräg, ich mit einer Puppe als das darbende Kind, das ich trösten sollte. Ich fand den Vorschlag lächerlich. Jetzt erst ahne ich, was Sie damit meinen. Ich fühlte mich infantilisiert damals, verstand nicht, dass sie einen Zugang suchte zu dem, was ich heute an ihrer Hand spürte, die so warm und kräftig ist. Da sehe ich plötzlich das kleine Kerlchen vor mir und muss schon wieder weinen. Schon damals war ich manchmal sehr niedergeschlagen, aber ich hatte gelernt, das zu verbergen. Sonst wäre Mutter traurig geworden und hätte mich zu trösten versucht, ohne selbst zu verstehen, was los war.« Nach längerer Pause kommt heftig: »Außerdem hat sie viel zu schnell auf mich eingeredet, mit klugen Gedanken, aber auch fast ohne körperlichen Trost, sie hielt Reden für eine gute Medizin für mich, aber ich nannte das später vorwurfsvoll ihre ›Klugscheißerei‹, verzeihen Sie den Ausdruck, so ein Wort wäre zuhause unmöglich gewesen.«

Einmal sagte er: »Da therapeutisch ja nicht mehr viel zu machen ist, möchte ich etwas seltener kommen.« Doch nach einem mehrwöchigen Versuch meinte er, fast kleinmütig: »Ich brauche die Stunden noch, seien Sie nicht zu ehrgeizig, ich lerne sie einfach zu genießen, das muss doch in meinem Alter erlaubt sein, und außerdem bezahle ich Sie gut.« In dieser Phase schreibe ich nun, vor einem wirklichen Ende der Therapie, nicht mehr enttäuscht, sondern liebevoll gewährend, und wir haben daran mehr Spaß und Witz. Seine Selbstironie kann ansteckend sein und ist ohne die gelegentlich auch aufscheinende Bitterkeit ein Genuss, sie lässt mir mehr Freiheit in der Einfühlung, ohne noch viel nach Deutungen zu suchen. Aber er freut sich doch, wenn er großmütig sagen kann: »Jetzt haben Sie doch mal wieder einen Treffer gelandet.«

Wie lange wir uns noch sehen werden bis zu einem endgültigen Abschied, ist ungewiss. Denn er ist sehr beschäftigt damit, wo und wie er seine ihm verbleibenden Jahre zubringen will. Er hat sich in der Stadt in einem renommierten Altersheim einen Platz reservieren lassen. Sein Schwanken ist manchmal mühsam zu ertragen, ich darf das wohlwollend kommentieren, und es tröstet ihn, dass ich sein tieferes Gefühl von Heimatlosigkeit verstehe und achte. Es wird ein Abschied auf Raten oder in Etappen, stark abhängig von seiner Gesundheit, die ihm derzeit noch erlaubt, mit einem geliebten Hund tägliche Spaziergänge zu absolvieren. »Egal wo ich bleiben werde, unsere Gespräche werde ich vermissen, Sie sind mir trotz meiner wachsenden Gebrechlichkeit mit Achtung begegnet. Aber solange ich die vielen Treppen noch hochkomme, bleibe ich Ihnen erst einmal treu.« (Also noch kein wirkliches Ende.)

Als er sich wieder einmal an das »innere Kind« erinnerte und zu einer Konfrontation mit dem Vater bereit war, sagte er traurig vorwurfsvoll und unter Tränen: »Papa, warum hast du mir nie deine Hand gegeben? Warum warst du so unberührbar, aber anders als die Mama, deren Körper mir so hölzern vorkam?« Dann wieder unter Tränen: »Ich habe andere Kinder beneidet, die an Vaters Hand gehen durften, aber da ich so stolz auf ihn war, habe ich es kaum gemerkt. Jetzt spüre ich den Schmerz der Sehnsucht, von dem Sie gesprochen haben. Ja, Papa, ich bin so scheu geworden mit anderen Jungen und steif in deiner Gegenwart. Einige Male bin ich einfach auf dich zu gerannt, wie ich es bei den Nachbarn gesehen habe, aber du warst so abweisend starr.« Es tauchten ihm Bilder auf von rituellen Begrüßungen und Abschieden, flüchtigen Küssen und lahmem Händedrücken. »Jetzt ahne ich, warum viel später mich Kaspar Hauser, über den ich einen Film gesehen hatte, so beeindruckt, nein, niedergedrückt hat. Nennt man das Identifizierung, wenn man sich so wiedererkennt? Ich habe versucht, den Film zu vergessen, wegzudrängen, aber er tauchte immer wieder auf. Und da kommen Sie mit Ihrer Hand!«

Wir genossen es beide, dass sein Körpererleben mit meiner »großen Hand« uns ein Fenster geöffnet hat zu frühen Gefühlen. Beim Abschied schlage ich vor, das Gestalt-Setting häufiger zu nutzen. Da kommt ein heiteres Aufbäumen in ihm hoch: »Nein nein, dazwischen will ich auch wieder erwachsen sein und ernsthaft mit Ihnen reden über mein heutiges Dasein! Ich will nicht zu oft meinen mühsam erworbenen Altersthron verlassen und auf die Rutschbahn der Regression geraten.« »Genehmigt«, sage ich, wir müssen nun beide lachen, und er geht für heute gestärkt von dannen.

Scheitern durch Rivalität

Die 68-jährige Patientin meldet sich mit zugleich herrischer und flehender Stimme, sodass der Eindruck entsteht, sie brauche Hilfe, ist dadurch aber gedemütigt, gibt sich dennoch die Ehre, mich zu kontaktieren, weil ich ihr als ausreichend kundig und prominent geschildert worden sei. Auf jeden Fall habe ich den Eindruck, dass eine Ehre auf mich zukommt, bei gleichzeitiger leicht unangenehmer atmosphärischer Wahrnehmung, es handle sich um eine schwere Aufgabe, für mich quasi eine Bewährungsprobe.

Sie nennt sich »beunruhigt über einen unkontrollierten Wutausbruch« anlässlich eines Spaziergangs mit ihrer Familie gegen ihren jüngeren Bruder; wie sich später herausstellt anlässlich eines Kompetenzstreits mit ihm. Sie betont, dass sie immer wieder mit spontanen Wutausbrüchen zu tun habe. Spürbar ist eine große Verunsicherung und Irritation, verbunden mit einer latenten depressiven Verstimmung. In einem ebenfalls ehrgeizigen Kreis von Freundinnen, die sich als städtische Kulturelite fühlen, komme es ebenfalls zu anstrengenden Rangkämpfen.

Ich erwähne Wichtiges aus meinem Kassenantrag: Die Patientin war eine gute Schülerin, hat ein brillantes Pädagogikstudium absolviert und einige Jahre in der Forschung gearbeitet. Verheiratet, seit vielen Jahren aber nicht mehr berufstätig. Der Vater, ein Geschäftsmann, ist früh gestorben, sodass sie zusammen mit einem jüngeren Bruder bei der Mutter aufgewachsen ist, die als streng und ehrgeizig geschildert wird. Sie weiß aus einer früheren, doch letztlich missglückten Therapie viel über sich, auch aus eigenem forschendem Nachdenken, und erzählt mir alles flüssig und wie eingeübt, mit sehr betonter Kompetenz.

Ich nehme eine hohe Intelligenz und Differenziertheit wahr; sie ist extrem sprachgewandt, mit widerwilliger Krankheitseinsicht und

Die Fallgeschichten

gutem, wenn auch leicht anmaßend wirkendem, kühlem, aber aufgeregtem Kontakt bei strenger Beobachtung des Therapeuten über den Blick. Die Motivation scheint anfangs noch hoch ambivalent, ihre Stimmungslage ist wechselnd, sie scheint beleidigt über die Notwendigkeit einer Therapie, wirkt aber zuverlässig, doch nur scheinbar einsichtsfähig. Wenn sie geruht, mir bei einer vorsichtigen Deutung zuzustimmen, dann gibt sie mir das Gefühl, ich sei glücklicherweise auf der Höhe ihres selbst erarbeiteten Wissens über sich selbst angelangt. Plötzlich ist sie außerdem stark verunsichert und beunruhigt durch die vor wenigen Wochen unerwartet erhobene Diagnose Krebs.

Psychodynamik: Aktueller Auslöser war also der Wutanfall und die Beunruhigung über wiederkehrende Wutzustände mit aggressivem verbalem Verhalten und darauf folgenden Verstimmungszuständen über einen demütigenden Kontrollverlust. Sie beschreibt eine lebenslange hohe Kontrolliertheit, die immer wieder plötzlich nicht mehr trägt. Ebenso ein drohendes Gefühl einer für sie nicht ausreichenden Lebensbilanz. Sie habe vor einem Jahr an meinem Seminar über seelische NS-Folgen teilgenommen, wobei ich mich an sie nicht als erkennbare Person erinnerte, sondern nur an eine nicht deutlich sichtbare Figur aus der hintersten Reihe, fast verdeckt durch einen Pfeiler, mit strengen Einwürfen wie von einem zweiten Dozenten. Ausgehend von diesem Seminar begann bei ihr die intensivere Beschäftigung mit dem NS-Familienhintergrund und darauf folgend eine Labilisierung ihres Lebensgefühls: die familiäre NS-Verstrickung des Vaters gefährdete massiv ihr Selbstwertempfinden. Hoher psychischer Energieverbrauch durch Abwehr einer drohenden Depression, mit fehlenden seelisch-bereichernden Gesprächsmöglichkeiten mit dem aber geachteten pensionierten Ehemann.

Sie lebt in einer aggressiven Grundstimmung, die sich oft in arrogantem Verhalten äußert. Darunter eine noch angestrengt und weitgehend latent gehaltene Depression, die aber bereits beunruhigend aufschien, die sie aber durch sarkastische Sprache und Einstellung zu neutralisieren versucht.

Behandlungsplan: 1-2-stündige analytische Therapie mit dem Ziel, die lange abgewehrten Konflikte bewusst zu machen und zu integrieren. Weiter: Angedeutete sexuelle Probleme, die mit hoher Scham besetzt sind, zu mildern, Arroganz und Größenphantasien zu reduzieren, die im Unbewussten konterkariert sind durch regelmäßige Träume über peinliche Versagenssituationen.

Prognose: Günstig, aber bei langer Arbeit, weil lange verdrängte Konflikte nur hinter einer Art Charakterpanzer durchscheinen. Günstig ist, dass die Aggression sehr rasch in der Übertragung auftaucht. Patientin ist verlässlich und inzwischen hoch motiviert. Durch die drohende Operation kann auch die zugrunde liegende Angst rascher in die Analyse einfließen.

Wir hatten nur wenige Monate Zeit für die Analyse: Sie machte mir, als die Krebsdiagnose über sie hereinbrach, immer wieder bittere und sehr anklagende Vorwürfe mangelnder Empathie, was mich in latente Schuldgefühle stürzte, weil ihre drückende Unzufriedenheit wie eine düstere Wolke über der Arbeit lag. Die ständige Forderung nach mehr Einfühlung lähmte mich durch ein merkwürdiges Gefühl von Trotz, mit dem ich zu kämpfen hatte und in das vermutlich eine Erinnerung an meine vorwurfsvolle Mutter einfloss, also eine eigene spontane Übertragung.

Die Arbeit wurde abrupt unterbrochen durch ihre Einweisung in die Klinik. Ich versuchte Kontakt mit ihr zu halten, wusste aber keine Telefonnummer, wandte mich mehrfach telefonisch an den Ehemann mit der Frage, wie ich sie erreichen könne, gab mich unangenehmen Überlegungen hin, welche Störung eingetreten sein könnte, musste schließlich annehmen, dass sie oder der Mann gar keinen Kontakt wollten. Doch in der einzigen Stunde nach ihrer Entlassung machte sie mir heftige Vorwürfe, dass ich sie nicht angerufen oder besucht habe. Ich geriet unter Rechtfertigungsdruck und verwies auf meine vergeblichen Kontaktversuche. Sie brach verbittert ab, antwortete auf einen halbherzigen Versuch der Entschuldigung nicht und hinterließ mich betreten und verunsichert, wie nach einer beschämenden Niederlage. Das Unglück wollte es, dass ich auf dem Weg in die Praxis fast täglich an ihrem Haus vorbeifuhr, was mir für längere Zeit einen bedauernden, aber auch aggressiv geladenen Stich gab, der nur sehr langsam abebbte.

Zwischenfrage: Warum dieses Buch?
Eine Rechtfertigung?

Im Großen und Ganzen bin ich mit der Bilanz meiner psychotherapeutischen Arbeit zufrieden, würde mir *in summa* eine 2 bis 3 geben. Ich muss mich also nicht schämen, auch wenn einige Therapien nicht sehr erfolgreich, gar enttäuschend, jämmerlich oder regelrecht verkorkst verliefen. Im Schnitt würde ich mich jedem Vergleich stellen können. Doch im Vergleich mit wem? Es gibt kaum zusammenfassende aufrichtige Texte, eher in Aufsätzen und in einigen ehrlichen Vignetten: Eingeständnisse von Zweifeln, Irrtümern, Irrwegen, verstandene oder unverstandene Abbrüche, Versagensgefühle, entgleiste Gegenübertragungen, erfolgloser Verlauf oder schwer verständliches Versickern und manches mehr.

Die Zunft als Institution im ewigen Ringen um Anerkennung bleibt eher schweigsam, vielleicht beschämt, wenn sie als ganze an eine Gesamtbilanz denkt, obwohl auch kollektiver Stolz uns nicht fremd ist, vor allem im Rivalitätskampf mit anderen Therapieformen. Mir ist kaum bekannt, wie andere Therapeutinnen und Analytiker den Umgang mit Erfolg, viel eher noch mit Teil- oder Misserfolg mit ihren Patienten bestehen. Nach dem idealisierenden Umgang mit dem ersten Teil meiner Lehranalyse und dem eklatanten Misserfolg des zweiten Teils, der weitgehend unbeschrieben und unanalysiert blieb, versuchte ich, mit den beiden deutschen Hauptanalytikern ein zurückschauendes Gespräch bzw. eine Bilanz zu finden und einen offenen späten Abschied. Beide haben das verweigert, mit Zeitproblemen die eine, mit stummem Ausweichen der andere, mit dem abschließenden Peitschenhieb: »Ich wusste ja nicht, wie gestört sie waren! Aber ich habe dazugelernt, was Anderen zugutekommen wird.«

Ich schreibe auch gegen das Schweigen in den Instituten an, gegen den Leistungsdruck der Kandidaten, bezogen aus geschönten

Die Fallgeschichten

Berichten, vermuteten Standards und dem wohlgeordneten Ton der Fallbeispiele für das Examen, die oft sogar durch den Lehranalytiker oder den Supervisor als geglückt bezeichnet vorgetragen werden.

Wenn ich mit Freunden oder Kollegen über mein Vorhaben spreche, kriege ich zu hören: Warum willst du dich so ungeschützt zeigen? Du treibst Selbstentblößung; provozierst den Chor unserer Verächter (von nutzlos bis schädlich, verkopft, erfolglos, manipulierend, missbrauchend und autoritär bis masochistisch, narzisstisch) Oder willst Du wieder Pionier sein? usw. An allem mag etwas dran sein, aber ich fühle es nicht so, fühle mich dabei nicht schamlos, aber ohne Scham. Wie ist das zu verstehen? Ich habe das Glück, seit fast zwanzig Jahren einer kleinen Intervisionsgruppe anzugehören, in der wir nach lange gewachsenem Vertrauen uns eben nicht mehr schämen oder uns rivalisierend vergleichen müssen. Wir können unsere Probleme mit einzelnen Patienten ungeschönt vortragen, auf ein wohlwollendes Echo in der Gruppe warten, Kritik annehmen, die nie besserwisserisch oder gar kränkend ist, sondern mitfühlend und stärkend. Weil jeder weiß: Vor ähnlichen Problemen stehe ich selbst auch immer wieder! Es war ein langer Weg aus einer Atmosphäre heraus, wie man sie immer wieder erleben kann, wenn bei Kongressen Fallvorträge oder -beispiele diskutiert werden, wo der Geist der Rivalität um sich greift und auch Wunden schlagen kann. Jedenfalls: ich fühle keine Angst bei meiner Unternehmung, sondern eine spät erreichte Furchtlosigkeit vor dem mühsam erworbenen Mut zum Aufrichtig-Sein. Ich weiß, dass manche Kollegen nur darauf warten, mich bei therapeutischen Fehltritten zu ertappen oder gar ihre Geringschätzung für meine analytische Körpertraumatherapie zu verstärken. Dafür finden sie auch in diesem Buch verlockendes Material.

Von Freud selbst gibt es – wie bekannt – keine solche Arbeits- und Erfolgsbilanz der analytischen Tätigkeit, er nannte sich immer mehr einen Forscher als einen Heiler, sprach sogar verächtlich vom *Furor sanandi*, den er schon bei Ferenczi missbilligte. Erkenntnis war der Hauptgewinn, und wenn es manchen Patienten hinterher besser ging, umso besser. Wir stehen heute mehr zum Heilen-Wollen, auch wenn es manchmal eklatant schiefgehen kann, auch aus Gründen verfehlten Ehrgeizes, von dem in diesem Buch häufiger die Rede ist.

Bei einer Diskussion über eine autobiographische Schrift von mir stellte jemand die Frage, ob mich manche Passagen nicht beschämten. Darauf meine spontane Antwort, auch gegen meine eigene Herkunftsfamilie gerichtet: »Ich will mich nicht mehr schämen! Aber deshalb nicht schamlos werden.« Manche Kollegen erleben Scham über mich, typische Fremdscham, und ich erlebe Fremdscham, wenn ein Opfer einer missratenen Therapie bei mir Rat und Hilfe sucht. Wenn es mir gelingt, manchen Kollegen aus der Einsamkeit der Scham über Missglücktes herauszuhelfen, bin ich zufrieden. Es geht nicht um Schuld oder Zuweisung von Scham, sondern um deren Erleichterung, aber nicht um kriminelle Schuld bei Missbrauch von Patienten.

So übergebe ich denn das Buch in Erwartung freundlicher Würdigung oder der Schmähung der Unternehmung meiner schmerzlichen Abschiede wie des weiteren Bekenntnisses zur analytischen Körperpsychotherapie, das sich auch hierin findet.

Abschied wegen Entfernung und Gebrechlichkeit

Der fast 90-jährige, kluge und beredte Patient hat mich trotz seines hohen Alters eingenommen für eine Psychotherapie: Er kam zu mir nach der Lektüre eines Aufsatzes von mir in der anspruchsvollen evangelischen Zeitschrift *Publik Forum* über NS- und Kriegsfolgen, die er abonnierte. Er selbst hat eine stark religiöse Erziehung »genossen«, von der er sich aber sehr kritisch und erleichtert abgewandt hatte. Umso mehr leidet er unter der bigotten Frömmigkeit seiner fast zwanzig Jahre jüngeren alten, aber kränklichen Freundin. Die beiden hängen sehr aneinander, wobei er sie in ihrer extremen Altersarmut unterstützt. Zärtliche Nähe findet statt, doch er leidet unter ihrer prüden Asexualität.

Der Patient ist vor allem morgens bis zum späten Vormittag von starker Depression gequält, von der er sich aber im Lauf von Stunden durch Spaziergänge teilweise erholt. Sein frühes Schicksal ist durch die Scheidung der Eltern im Alter von zwei Jahren bestimmt, daraufhin weitgehende Trennung von der Mutter, aufgefangen durch eine gütige Großmutter. Dann gequält durch zwei Stiefmütter, die selbst ihm vorgezogene Kinder mitbrachten. Die erste starb bereits nach wenigen Jahren, also erneute Trennung und herber Wechsel. Auf Kinderbildern, die er mir mitbrachte, ist die frühe Verstörung auf einigen Fotos schon klar zu erkennen, später gab es hellere Jahre bei der Großmutter. Danach wieder viel Entwertung und Schläge, es mussten alle Spuren der ersten Stiefmutter bei der neuen getilgt werden. Benachteiligung bei den Stiefgeschwistern sogar durch Hungerstrafen, zuletzt noch beim Erbe des Vaters, das weitgehend an die Kinder der zweiten Stiefmutter ging.

Der früh nach der abenteuerlichen Heimkehr von der sich auflösenden Wehrmacht Desertierte, beteiligt sich schon im Alter von achtzehn Jahren politisch, ordnet sich weit links ein, ist vor allem besorgt um Umwelt, Flüchtlinge und Migranten. Er erschreibt sich in der Lokalzeitung einen fast festen Platz für Leserbriefe über die Nazivergangenheit und ihre Spätfolgen mit Altnazis in Wirtschaft und Gesellschaft. Außerdem engagiert er sich heftig im Kampf gegen das geplante Atomkraftwerk in der Nähe, so weit, dass er als Lehrer mehrmals streng abgemahnt und vor Berufsverbot gewarnt wird. Eine gewisse Verbitterung ist unverkennbar. Ich kriege immer wieder seine kurzen Texte zu lesen und staune über die Klarheit seiner Sprache, die von einer Portion Selbstmitleid nicht ganz frei ist.

Sein Engagement für die Therapie (anfangs probeweise fünf Stunden) bezeugt er durch eine einstündige Autofahrt und die »Ersteigung« meiner hoch im 3. Stock liegenden Praxis mithilfe von notwendigen Krücken. Zwei frühere kurze Therapieversuche an seinem Heimatort sind gescheitert an mangelndem Verständnis zweier jüngerer Therapeutinnen für seine Altersnot sowie deren Unkenntnis seelischer Nachwirkungen von NS-Zeit und Krieg. Der Vater war fanatischer Hitleranhänger und pflegte noch lange die strenge Erziehungsdisziplin seiner eigenen Jugend und Soldatenzeit.

Nach dem Tod seiner Frau vor mehr als zehn Jahren lebte er allein, nur unterbrochen von kurzen vergeblichen Beziehungsversuchen bei Parship, zum Teil erschwert durch beginnende Schwerhörigkeit und eine gewisse Fettleibigkeit.

Er wünscht sich Hilfe beim Ertragen seiner ihn bedrückenden Lebensbilanz, die gelegentlich Hader aufkommen lässt, und Milderung der Frühdepression, beim Verzichten-Lernen auf »wiedergutmachende« Alterssexualität und die Scham über die noch häufig geübte Trostonanie. Bei dieser scheint die Freundin sogar hilfreich zu sein, sodass es doch einen schmalen Rest geteilter Sexualität gibt. Sie hilft ihm auch mit Brustmassagen, wenn ihn morgens seine »depressive Beklemmung« ankommt. Zur mageren Lebensbilanz gehört die bittere Erkenntnis, dass er politisch ohnmächtig bleibt trotz der rasch vergessenen Leserbriefe, freut sich aber über jede zustimmende oder sogar höhnische Reaktion anderer Leser. Zu den politischen Parteien und Diskussionsrunden hat er sich selbst den Zugang verbaut durch seine Radikalität und Intoleranz gegen seine im katholischen Städtchen als linksradikal verfemten Stellungnahmen.

Es ist ein Aufbäumen gegen Alter und Vereinsamung, das ich mit wachsender Sympathie begleite. Bald ist er gezwungen, die Therapie je nach seinem gesundheitlichen Zustand auszudünnen, schließlich am Beginn eines strengen Winters abzubrechen. Er bedauert das sehr, fühlte sich von mir gesehen und anerkannt, schöpfte Überlebensmut aus den Begegnungen, versuchte Kontakt zu halten mit mir durch sowohl alte als auch aktuelle Leserbriefe und mit früheren Aufsätzen prall gefüllten Sendungen, bis er mir auch seinen bisher geheim gehaltenen Bericht seiner Heimkehr von der sich auflösenden Front schickte, nach längerem Zögern und aus überlebter Angst. Denn er ist in den letzten Kriegstagen noch desertiert und über mehrere Wochen zu Fuß heimgewandert, zum großen Teil auch nachts, noch in der Furcht vor der SS und später den Russen. Mit dieser Heldentat, die ich bewunderte, blieb er weitgehend allein, hoffte sie noch spät veröffentlichen zu können, erhielt aber kränkende Absagen von Verlagen und gab auf. Ich antwortete gelegentlich auf seine Sendungen, fast wehmütig gestimmt ob der von Alter und schwindender Gesundheit erzwungener Trennung von dem sehr klugen früheren Lehrer und politisch hellwachen Zeitgenossen. Es war für uns beide ein schmerzlicher Abschied.

Ich blieb stolz auf ihn wie auf einen Angehörigen, der sich den Nazis auch noch nachträglich widersetzte, also beinahe ein Widerstandskämpfer, dem seine frühe Aufmüpfigkeit schon in der Schule und seine spätere ideologische Gegenwehr sogar zur tödlichen Gefahr hätte werden können.

Abschied wegen beiderseitiger Ermattung

Aus dem Antragsbericht: Der etwa 40-jährige Patient war vor einigen Jahren wegen einer depressiven Krise für vier Wochen in einer psychosomatischen Klinik und dann fast vier Jahre in einer analytischen Gruppentherapie. Danach war er weitgehend stabil, wenigstens beruflich, im privaten Leben empfand er sich aber wieder als »lahmer Sack«.

Er geriet vor einigen Monaten erneut in eine depressive Krise, die ihn zeitweise in seinem Elektrogeschäft, das er als Mitinhaber führt, derart lähmte, dass er nur noch rauchte und oft dumpf vor sich hin brütete. Mit großer Mühe erledigte er Bestellungen und quälte sich mit Buchhaltungsproblemen. Die Krise ist verbunden mit erheblichen Schlafstörungen und Streitigkeiten mit seiner Ehefrau. Was ihn aber zutiefst betrübt, ist die Tatsache, dass er sich zu seinem vierjährigen lebhaften Sohn, der mit ihm spielen, schmusen und raufen möchte, abweisend, kalt oder wütend verhält. Das lässt ihn sich als kompletten Versager fühlen. Während er in den Erstgesprächen davon spricht, weint er und wirkt vollkommen verzweifelt.

Der Patient fühlt sich derzeit in seinem gesamten, früher breiten sozialen Leben regelrecht gelähmt und zieht sich aus vertrauten Kontakten zurück oder, was ihn besonders stört, verhält sich ratsuchend und anklammernd an seine Frau, ohne doch Hilfe annehmen zu können. Er wird durch die vielen sich widersprechenden Ratschläge verwirrt, die er von jedem einfordert und auch erhält. Er befürchtet, seine Frau könne sich abwenden und sein Sohn wirklich Schaden nehmen. Im Geschäft ist er jetzt wieder mehr von seiner noch mitarbeitenden Mutter abhängig, was ihn beschämt und weiter zurückwirft. Sie hat zwangsläufig das Regiment erneut übernommen, er darf aber nicht zornig sein, weil er sie ja braucht. Er ist deshalb in einen zirkulären Prozess der Selbstabwertung geraten und richtet dabei alle Wut gegen sich selbst.

Die Fallgeschichten

Der Patient ist drittes von vier Kindern der früher ständig überarbeiteten Geschäftsleute, die den Elektroladen aufgebaut haben und wenig Zeit für die Kinder hatten. Für den Patienten wurde zwar ein eigenes Kindermädchen angestellt, das ihn eher verwöhnte und verzärtelte, in deutlicher Rivalität zur Mutter. Er wuchs ganz im Schatten der älteren Geschwister auf und sagt: »Ich hatte gar kein eigenes Selbst, außer in Anfällen von Trotz.« Er galt sonst »als liebes, pflegeleichtes Kind, mit dem man wenig Mühe hatte«. Er lernte nicht, mit Konflikten umzugehen und sich abzugrenzen.

Auslösend für den erneuten Therapiewunsch sind vermutlich die fordernde Lebhaftigkeit und die körperliche, offen gezeigte Bedürftigkeit des Sohnes, die ihm drastisch seine eigene Kindheitssituation vor Augen führt und seinen Mangel an Halt und Zuwendung durch die Eltern. Er berichtet vom Weinen und von Anfällen von Selbstmitleid, wenn der Sohn auf ihn zuläuft. Es spielt wohl zunehmend eine Rolle, dass er nun durch die erneute volle Mitarbeit der Mutter das Geschäft und seinen Beruf nicht mehr als selbständige Leistung erlebt, sondern regressiv als ein Zuarbeiten für die Mutter. Der Vater ist seit vielen Jahren tot. Es erzeugt ein Gefühl von Unselbständigkeit und Kontrolliert-Werden, das ihn weiter lähmt. Sein Zustand zu Beginn: Starke Arbeitshemmungen, schwere Selbstwertstörung, Kontakthemmung und Schlafprobleme, suizidale Phantasien, doch ohne konkrete Gefährdung.

Nach acht wöchentlichen probatorischen Sitzungen wurde deutlich, dass eine Wochenstunde nicht genügt; sie hielt ihn zwei Tage aufrecht, dann stürzte er wieder ab. Deshalb analytische Therapie bei zwei Stunden pro Woche. Ziel der Behandlung auch: Abgrenzung von der Mutter, die als innere wie äußere Figur sehr dominant geblieben ist und gegen die seine Ehefrau nur wenig Chancen bei ihm zu haben glaubt. Es ist zudem die unbewusste Bindung an das Kindermädchen nicht gelöst, das ihn stark an sich gekettet hatte, was seine Bereitschaft zu unselbständigem und anklammerndem Verhalten verstärkte.

Der früher sportlich durchtrainierte Mann, der sich in wenigen Phasen durchaus kurzzeitig als vital und lebenslustig erleben konnte, fühlt sich derzeit als Schatten seiner selbst und möglicherweise auch durch die früheren Loyalitätskonflikte zwischen Mutter und Kindermädchen unbewusst gelähmt.

Am wichtigsten erscheint die Arbeit an der Beziehung zum Sohn, die vielleicht nur gedeihen kann, wenn er sich in der Therapie selbst ein Stück Regression bei einer väterlichen Person leisten kann, die ihn nicht vereinnahmen und binden will. Er ist zunächst hoch motiviert, wird von seiner Frau auch in Sachen Therapie unterstützt. Er spricht, wie sich nach zwei Monaten erkennen lässt, positiv auf die Behandlung an, weil er im Geschäft wieder Kompetenz erobert. Die Prognose erscheint günstig, allerdings sollte genug Zeit vorhanden sein, um eine wirkliche Stärkung des geschwächten Selbst zu ermöglichen, das durch unaufgelöste, unbewusste wie aktuelle Abhängigkeiten und Entmutigungen beeinträchtigt ist.

Nach 80 Stunden: Der psychische Befund ist relativ stabil, nachdem der Patient erneut in eine depressive Krise geraten war und sich für einige Wochen in eine psychiatrische Klinik hatte einweisen lassen. Er wollte sich rückfällig als krank unterbringen und seiner Belegschaft nicht noch einmal das frühere Bild der Lähmung bieten. Er erlebte den Aufenthalt als absolut abschreckend und motivierend für die weitere Therapie. Doch die depressive Grundstruktur bleibt erhalten. Die Beziehungsstörungen in der Ehe, die immer wieder zu völligem Verstummen zwischen den Partnern führen, bedrohen gelegentlich wieder die Arbeitsfähigkeit. Wenn Kränkungen vorfallen, zieht sich der Patient aus der Kommunikation zurück, was wiederum zu leichteren depressiven Rückfällen führt. Dazwischen gibt es Phasen intensiver geschäftlicher Betriebsamkeit, die leicht manisch wirken, aber durch die Therapie aufgefangen werden können. Er kann dann sein Tempo wieder mit dem zweiten Geschäftsführer koordinieren, den er gerade noch als »Lahmarsch« erlebt hatte – wie früher sich selbst.

Die akute Situation ist danach gekennzeichnet durch eine Hochwasserkatastrophe, die die Geschäftsgebäude stark in Mitleidenschaft zog. Das Paar hat in der Krisenzeit sehr gut kooperieren können, wodurch der Wunsch entstand, die Ehefrau stärker in das Geschäft zu integrieren. Nach Abklingen der akuten Krise erwies sich das als Illusion, weil die Mutter, die nach dem Tod des Vaters den Patienten eingearbeitet hatte, noch immer das Zentrum heftiger Übertragung ist, die eine nicht verstrickte Mitarbeit der Ehefrau nicht zulässt. Die Milderung des stark symbiotischen Anteils der Beziehung lässt es beiden als möglich und wünschenswert erscheinen, dass die Ehefrau, die früher Lehrerin war, sich beruflich wieder einen eigenen Weg sucht.

Die therapeutische Arbeit erstreckt sich weiterhin auf die immer noch starke, reale und unbewusste Bindung an die Mutter sowie an das seit seiner Geburt für ihn eingestellte Kindermädchen. Da die beiden Frauen, wie gesagt, um ihn konkurrierten, ist es zu einem verwirrenden, gespaltenen mütterlichen Introjekt gekommen, das bald streng, bald verwöhnend ist. Diese besondere Situation hat sich auch auf sein Verhältnis zu den Geschwistern ausgewirkt. Den beiden älteren Brüdern fühlte der Patient sich immer bis in das Erwachsenenalter unterlegen, weil die beiden studiert haben, während er »nur Geschäftsmann« blieb. Hier sind bedeutende Fortschritte erzielt worden: Der Patient kann sich besser durchsetzen und findet zunehmend seine eigene, fast verlorene Identität. Der Therapeut wird gebraucht zum Aufbau eines stabileren warmherzigen Vaterbildes, welches das eines bedrohlichen, strengen und oft unnahbaren Riesen – der Vater – als noch immer drohendes Introjekt in den Hintergrund drängt.

Da ein Teil der unübersichtlichen Mutterübertragung auch die Beziehung zur Ehefrau ständig behindert und immer wieder belastende Krisen mit depressiver Bedrohung hervorruft, wird sie in unregelmäßigen Abständen in die Therapie einbezogen, obwohl dies von manchen Kollegen streng als Kunstfehler betrachtet wird. Die Luft zwischen den beiden ist manchmal »zum Schneiden«. Es entsteht aber die Möglichkeit, die heftigen Krisen durch die Dreiergespräche zu mildern, zu denen sich der Patient früher unfähig fühlte. Er hatte immer Angst, ihr unterlegen zu sein, und blieb deshalb schweigend »in der Deckung«.

Da die Ehefrau, wieder im Beruf, selbstbewusster und anspruchsvoller wird, kommt es aber wieder zu schweren, lähmenden Konflikten, da er erneut unberechenbar bis 23 Uhr arbeitet und sein Abendessen aber pünktlich nach Geschäftsschluss auf dem gedeckten Tisch vorfinden will, ohne zu erscheinen. Deshalb verlangt sie wenigstens einen orientierenden Anruf, was er aber immer wieder »vergisst« oder aus Trotz schlicht verweigert. Es fühlt sich wie ein erbärmlicher Machtkampf an. Ich bin in Versuchung und Gefahr, zu mahnen oder mich mit einigem Ärger auf die Seite der verzweifelten Frau zu stellen, was er natürlich spürt, aber nicht kritisch anspricht. Damit macht er mich auch ohnmächtig, weil nun auch die negative Vaterübertragung explodiert, sodass er unangekündigt zu »schwänzen« beginnt oder Stunden »wegen dringender geschäftlicher Termine« ausfallen lässt. Es führt dazu, dass die Frau aus den Dreier-Gesprächen aussteigt und zu ihrer noch laufenden Analyse zurückkehrt, die die Analytikerin wegen der Einbeziehung ihrer Patientin in seine Analyse unterbrochen hatte.

Mir bleibt das Bedauern, dass am Punkt des sabotierenden Trotzes und der wieder stagnierenden Arbeit an den inzwischen vier Hauptübertragungen (Eltern, Kindermädchen und Ehefrau) kein Erfolg mehr möglich war. Einige Male klagte die Ehefrau in Anrufen, dass er unbeugsam weiter auf seinem absurden Autonomiebeweis und weiteren Forderungen bestand: Sie auf den Beifahrersitz des Motorrads zu zwingen als »Klammeraffin«, wie sie es nennt, ohne sich wehren zu können. Und ebenso wehrlos auf ein eine Fahrstunde entfernt liegendes Segelboot, obwohl sie diese Ausflüge als ängstliche Nichtschwimmerin hasst. Ich musste mich mit seinem bewundernswerten beruflichen Erfolg und der deutlichen Verbesserung seiner Vaterschaft traurig und wütend zufrieden geben, ohne an der Belastung der Ehe viel ändern zu können.

Ich habe die Arbeit »sanft« beendet, mit Rückkehrmöglichkeit »bei Notfall«.

Gutes, wenn auch unvollendetes Ende

Eine knapp 40-jährige Patientin kam in die Therapie, die in einem erschreckenden Ausmaß einer launenhaften, in ihrer Ehe unglücklichen, entwertenden und klammernden Mutter bis zu ihrem sehr späten Auszug aus dem Elternhaus ausgeliefert war. Diese hatte sie vermutlich als negatives Selbstobjekt ausgewählt, um mit ihrer Lebensbitterkeit fertig zu werden. Der verachtete Ehemann hatte keine Chance, der Tochter stützend zu Hilfe zu kommen. Vielmehr band die Mutter die Tochter in eine fast absolute Loyalität, indem sie auf Anzeichen der Tochter von Sympathie und Beistand für den Vater zischend geringschätzig sagte: »Du bist und wirst wie dein Vater!« Das genügte zur Disziplinierung und machte jede Form von Widerspruch und Auflehnung von ihr unmöglich. Die Patientin verlernte das unerlaubte Fragen nach Begründungen wie nach Angelegenheiten der familiären Situation. Sie erlebte sich als unfähig, dumm und wehrlos und verlernte alles selbstständige Denken außerhalb der Schule, wo sie gut zurechtkam als beliebte Lehrerin. Eigenes Denken zuhause verbot sie sich längst, weil es ihr nur das Ausmaß ihrer Verlorenheit und ihrer Wehrlosigkeit deutlich gemacht hätte. Infolgedessen hatte sie auch wenig Zugang zu ihren Gefühlen und wagte das, was sie noch fühlen konnte, kaum in Worte zu fassen. Nur außerhalb der Familie und der auch internalisierten seelischen Reichweite der Mutter gelang ihr eine berufliche Ausbildung und ein ausreichendes Funktionieren als tüchtige Lehrkraft. Sie kam zu mir nach einer mehrjährigen Psychoanalyse, die wenig Veränderung erbracht hatte und mit deutlich gezeigter Unzufriedenheit des Therapeuten endete, mit dem ihr entwertend nachgeworfenen, lange schmerzenden »Deutungsdreck«.

Meine neue Behandlung, die sich wegen der Entfernung ihres Wohnortes nur in mehrwöchigen Etappen von einigen Doppelstunden gestalten ließ, war zunächst äußerst mühsam für uns beide. Sie schien mir mit ihren Gefühlen sprachlich wenig erreichbar, hatte kaum konkrete Erinnerungen an Kindheit und Jugend, außer an äußerst demütigende Situationen und Zurechtweisungen durch die Mutter und deren Verbote. Auch als älter gewordenes Kind durfte sie die Reichweite der Umgebung der Wohnung nicht verlassen; verboten war es später, die jugendlichen Vergnügungen und Treffen der Schulfreundinnen mitzumachen, aufgrund einer absurd wirkenden elitären Abgrenzung der Familie von der Nachbarschaft. In meiner eigenen identifikatorischen Entmutigung verglich ich sie mit einer für eine Analyse »unfruchtbaren Patientin«, über die ich in einem arroganten Aufsatz eines Kollegen vor Jahren gelesen hatte. Aber wir konnten mit Geduld, Ermutigung und kleinen Hausaufgaben einiges erreichen an Kontakt- und Sprachfähigkeit: zum Beispiel eine vorsichtige Annäherung an eine frühere, nur punktuelle sexuelle Beziehung, und weiter eine Verringerung der Scham über ihren Körper sowie eine Unterbrechung ihres anklägerischen inneren Dialogs mit sich selbst.

Aber an einem Punkt stagnierte die Behandlung doch: An einer sehr langen, schwer abbaubaren Idealisierung meiner Person, die nicht die geringste negative Übertragung auf mich zuließ, aus Angst vor dem Verlust der Beziehung. Dadurch verlängerte sich ein zähes Verharren in fast kindlicher Regression, in der sie klagte und Trost für ihr ärmliches Leben verlangte. Weiter blieb sie trotzig verweigernd dabei, parallel eine körperbezogene Gruppentherapie in ihrer Stadt zu beginnen, die mir unverzichtbar erschien für ein geschwisterliches, am Konflikt orientiertes Gruppenerleben, in dem ihre Kontaktscheu, Schüchternheit und Wehrlosigkeit erlebt und gebessert werden könnte. Sie hatte in anderen, nicht therapeutischen Hobbygruppen einiges erreicht an Entängstigung und auch Kontaktinitiativen außer Haus gewonnen, aber ihr Körper blieb ihr lange verächtlich und keinerlei Quelle für Vitalität und Individuation. Das Niederhalten aller unbewussten Wut erschöpfte sie über Gebühr und führte zu einem erhöhten Schlafbedürfnis, das sie sogar manche häuslichen Pflichten vernachlässigen ließ.

Durch gestalttherapeutische Arbeit wurden ihr allmählich die unterdrückten Gefühle gegenüber den Eltern bewusst, sie konnte sogar ohne viel Groll ihre zunehmend kränkliche Mutter betreuen und mit dem Vater weit außerhalb der Familienwohnung versöhnliche Gespräche führen. Ihren jüngeren Bruder, der sie ebenfalls geringschätzig behandelte, wagte sie nicht zu konfrontieren, bis wir uns kleine Mutproben ausdachten, wie sie ihm ihr Gefühl von Vernachlässigung und Verachtung deutlich machen könnte. Es gelangen einige wenige Versuche, aber der Bruder war nie zu klärenden Gesprächen bereit und äußerte sich zudem verächtlich über ihre therapeutischen Bemühungen.

Nach langer Zeit wagte ich es, die Vermutung von unbewusstem Trotz zu äußern, stach damit aber in ein nicht vermutetes Wespennetz, was zu einem ersten zaghaften Wutausbruch führte. Das Wort Trotz war eine Art verbale Geheimwaffe der Mutter, um bei ihr alle Zeichen der Aufmüpfigkeit zu unterdrücken. Das Wort enthielt eine demütigende und verächtliche Anklage, sodass es aus meinem Munde eine ebenso anklagende und vernichtende Wirkung für sie hatte. Ich suchte nach schonenden Umschreibungen und vor allem nach der Einsicht in eine hemmende Übertragung, aber es erschien ihr lange Zeit als zu grotesk, dass ich als Mann eine Mutterübertragung auf mich ziehen sollte. Damit war die Deutung jeder Wirkung beraubt, ja die Patientin schien den mir immer offensichtlicher werdenden Trotz zu verstärken, der sich deutlich in unerkennbare Zonen verzog und sich hinter peinlicher Willfährigkeit und demütigem Verhalten verbarg – als Abwehr der Gefahr eines offenen Konflikts.

Ich machte mich auf Spurensuche für Trotz in ihrer Geschichte, und wir fanden Anzeichen in inneren, an die Mutter gerichteten heimlichen Monologen: »Red' du nur, das perlt an mir ab.« Oder: »Das geht mir zum einem Ohr rein und zum anderen wieder raus!« Sie konnte diese Monologe, wenn sie frecher zu werden drohten, auch sich selbst nur flüsternd mitteilen, als ob die magische Gefahr bestünde, dass die gelegentlich als allwissend phantasierte Mutter zuhören und sie bestrafen könnte. Aber sie verstand nun meinen sie ängstigenden Verdacht, sie könnte früher mit diesem Trotz seelisch überlebt haben. Lange durchschaute auch ich nicht, dass sie mich ebenfalls in der von mir nicht durchschauten Übertragung auszutricksen oder hinters Licht zu führen versuchte. Dadurch bekam ich meine therapeutische Ohnmacht immer wieder deutlich zu spüren. Es erschreckte, später amüsierte sie es zunächst heimlich, dass sie mich lahmlegen konnte, also auch über mich Macht hatte. Später mussten wir zusammen lachen über ihren nun offen eingestandenen Triumph.

Was hätte ich besser machen können? In der letzten Doppelstunde vor dem vereinbarten Abschied für Monate gestand sie, da sie eine erhebliche Unzufriedenheit auf meiner Seite fürchtete, Folgendes: Hellhörig wie sie war, vernahm sie in meiner Stimme eine leichte Gereiztheit, weil sie es unklar und wieder »unversprochen« ließ, ob sie sich eine Gruppe nun suchen würde. Sie wollte alles, was ihr in den letzten Jahren in unserer Arbeit gut getan und sie gefördert hatte, minutiös aufzählen: ihre Fortschritte, ihr Selbstwertgefühl, der gewachsene Mut, die neuen Kontakte usw., sodass es auch eine Trostsitzung für mich für die verweigerte Gruppenteilnahme wurde. Sie betonte tapfer, wir bräuchten durchaus nicht unzufrieden sein, aber sie müsse zustimmen, dass »der Schlussstein« zu unserer Arbeit fehle, mit dem ich wohl die Gruppe meine. Sie bat um Geduld, es stehe ein sie beunruhigender Schulwechsel bevor. Wir verstrickten uns noch einmal kurz, als ich ihr dringend riet, für den Neuanfang nach ihrem inzwischen erfolgten Burnout mit Erholungszeit eine gute Supervision zu suchen. Sie konnte auch das nicht zusagen, sodass ich mit der Sorge zurückblieb, ob sie es schaffen oder sich um eine Frühberentung bemühen würde. Es gehörte zu ihrer Eigenart, dass ich immer wieder nach jeder Sitzungsphase in Sorge zurückblieb. Deshalb waren wir auch mit größeren Abständen im Briefkontakt geblieben. Es gelang ihr aber, sich an der neuen Sonderschule gut zu integrieren und von der dort angebotenen Supervision wider Erwarten zu profitieren.

Nachzutragen ist, dass ich irgendwann auch nach Rachephantasien gefragt hatte in Bezug auf die Demütigungen durch ihre Mutter. Sie leugnete zwei Jahre lang tapfer, fand es fast unerhört, ihrem gelernten sanften Gutmenschentum Rachegedanken zu unterstellen, bis sie sich erinnerte, dass sie manchmal gewünscht hatte, ihre Eltern, hier sogar beide, mögen bei einem Verkehrsunfall ums Leben kommen. »Das hätte mein Leben erleichtert!« Aber der heimliche Trotz blieb dennoch erhalten. Doch immerhin reist sie jetzt ab mit dem stabilen Bewusstsein, dass der heimliche Trotz ihr Mittel des Überlebens gewesen war und nur zu lange auch mich getroffen hätte, »das tut mir sehr leid.« Und er war von mir zu ihrer Zufriedenheit gewürdigt worden als Mittel zum Überleben.

Eine Bilanz unserer Arbeit: Sie litt ungeheuer darunter, dass sie nie einen Freund gehabt hatte. Um wenigstens etwas für ihren massigen und sie beschämenden Körper zu tun, ging sie in Freiburg in eine Tantra-Gruppe und erlebte dort die ersten und wachsenden Wonnen körperlicher Zuwendung. Dann nahm sie bei dem Leiter sogar Einzelstunden, erlebte ihn als sehr zuverlässig, einfühlsam und niemals unangenehm übergriffig, obwohl er mit ihrer Erlaubnis mit berührender Hand auch ihre Schamgegend mit einbezog und ihr den ersten Orgasmus verschaffte. Sie verliebte sich allerdings heftig in ihn, sodass er ihr seine glückliche Ehe vorhalten musste und auf eine Beendigung der wirkungsvollen Einzeltherapie drängte.

Mutiger geworden, versuchte sie es mit Parship, antwortete in ihrer Stadt auf kleine Anzeigen und schrieb selbst welche in einem Gratisblatt. Aber ihre Begegnungserlebnisse verliefen enttäuschend bis bitter, nur eine einzige Beziehung dauerte einige Monate, bis der Freund nicht mehr anrief und sie in altbekannte Selbstwertprobleme und Verzweiflung abstürzte. Sogar die Reisen zu mir wollte sie aufgeben. Sie hatte sich wohl zu unbeholfen und gleichzeitig zu klammernd und fordernd verhalten oder er störte sich an ihrem nicht schwindenden Leibesumfang. Daraufhin quälte sie sich ohne Erfolg mit verschiedenen Fastenversuchen und gab die Hoffnung auf eine tragende sexuelle Beziehung resigniert auf. Das fiel ihr auch deshalb leichter, weil sie mit meiner Ermutigung und der Überwindung von entsetzlicher Scham zur Selbstbefriedigung gefunden hatte. Dem mussten grausame Gewissenskämpfe vorausgehen und Phasen religiöser Gefühle von Verworfenheit. Auf jede einsame belebende Erfahrung folgten soziale Rückzüge und quälender Katzenjammer mit neu auftauchenden, immerhin kurzen Phasen depressiver Niedergeschlagenheit. Sie intensivierte ihre früheren, fast sprachlos gewordenen Frauenfreundschaften mit einzelnen Kolleginnen, dankbar für deren wachsendes Interesse an ihr. Sie machte Reisen mit ihnen, stürzte sich in Gespräche mit erstmals begeisternder Tiefe.

Danach nahm sie dankbar Abschied von mir. Wir verabredeten, dass sie mir gelegentlich brieflich Mitteilung über ihr Befinden machen sollte. Das tat sie regelmäßig, manchmal wie ein dankbares Kind, dann endlich als erwachsene Person, die von ihren wachsenden beruflichen Erfolgen berichtete. Zuletzt nur noch in Halbjahresbriefen, die zu meiner Beruhigung allmählich ausblieben.

Zurück blieb ein aufatmendes Loslassen ihrer Person, eine Erleichterung auch von der qualvollen Langsamkeit ihrer Entwicklung, von Phasen von tiefer Resignation und meiner Zufriedenheit, dass es mir gelungen war, die Hoffnung stellvertretend für sie aufrechtzuerhalten, obwohl sie auch mir immer wieder zu entschwinden drohte. Sie war immer sehr dankbar, dass ich sie für sie erhalten hatte, wenn sie wieder in Hoffnungslosigkeit zu versinken drohte. Mit Sympathie kam sie mir oft in den Sinn, angestoßen auch dadurch, dass ich in Berührung kam mit anderen Patienten, bei denen es ebenfalls um stellvertretend gehaltene Hoffnung durch mich ging. Und mir blieb die Erinnerung an ihre Augen, die sich manchmal wie in verschlingender Untergangsangst an mich klammerten bei den Abschieden. Ich hatte manchmal Mühe, mich der Ansteckung durch ihre Angst zu entwinden. Sie weigerte sich lange, in ihrer Nähe einen anderen Therapeuten zu suchen. Erst nach Jahren kam ein triumphierender Brief, sie sei seit ein paar Monaten zufrieden in einer Therapie bei einer Frau, nachdem »die entsetzlichen Stürme einer feindseligen Mutterübertragung überstanden waren«. Ich erlebte eine reichlich späte Zufriedenheit mit dieser langen Therapie.

Verzweifelter Widerstand und mangelnde Introspektion

Der seit Langem latent depressive, 1940 geborene Patient ist der zwanzig Jahr ältere Ehemann einer Patientin, die ich seit Längerem in Analyse hatte. Er ist zweimal vor einiger Zeit in eine Stunde mitgekommen, weil die Konflikte in dem Paar eskalierten. Er hatte Mühe, mit der durch meine Analyse mit ihr hervorgerufenen Unzufriedenheit, ihren Zornausbrüchen und seelischen Schwankungen zurechtzukommen. Die Konflikte mit ihr verschärften sich durch berufliche Überlastung, Alkoholprobleme und vorübergehenden Medikamentenmissbrauch im Zuge einer massiven Regression – sie ist schwer traumatisiert und als Borderline-Störung diagnostiziert. So wurde der Patient stark depressiv, was zu einer erheblichen Krise im Selbsterleben führte. Diese wurde durch psychiatrische Begleitung nur gemildert. Da zwischen den beiden ein Altersunterschied von knapp zwei Jahrzehnten vorliegt und er körperlich bereits etwas eingeschränkt war, verstärkte sich die anklagende Unzufriedenheit der Ehefrau so, dass der Mann zusätzlich unter Druck geriet. Er reagierte aber auf die drei ersten probatorischen Stunden positiv, fühlte sich in seiner Not verstanden und scheint wieder einigen Lebensmut für möglich zu halten. Er schöpft trotz erheblicher Bedenken gegen Psychotherapie (abschreckende Erfahrungen durch einen vergeblichen früheren Therapieversuch) Vertrauen und nimmt die einstündige Bahnfahrt in Kauf. Deshalb hielt ich eine parallele Kurztherapie mit dem Einverständnis der Ehefrau für angezeigt. Das brachte zunächst eine Beruhigung, reichte aber nicht aus, um die tieferen Konflikte anzugehen. Ich wandte mich wegen der Umwandlung in Psychotherapie an den Gutachter.

Nachdem der Patient die genehmigten 25 Stunden der Kurztherapie erst sehr sporadisch genutzt hatte, ist in der Ehe eine verschärfte

Die Fallgeschichten

Krisensituation eingetreten, die eine erweiterte Therapie erforderlich machte: Durch seine lebensgefährliche Erkrankung mit schwerem Kreislaufzusammenbruch und akuten Herzbeschwerden plus einem Krebsverdacht waren akute Todesängste aufgetreten mit schweren Schlafstörungen und depressiven, vor allem morgendlichen Tiefpunkten. Damit verbunden entwickelte sich eine starke Abhängigkeits-Autonomie-Thematik, da er nun vermehrt auf seine Frau angewiesen war, was zu erhöhter Reizbarkeit führte, zusammen mit zunehmender Alkoholgefährdung.

Im biographischen Hintergrund stehen bei ihm kriegstraumatische Ereignisse – Bombenkeller, Verschüttung, Kälte, Hunger usw. Der Patient berichtet von einer extrem lieblosen Kindheit in kargem Überlebensmilieu. Auf Schulprobleme folgt eine erhöhte berufliche Leistungsmotivation mit Aufstieg von einer einfachen Lehre zum Bahningenieur in verantwortlicher Stellung. Erste Ehe mit drei Kindern durch Krebs der Ehefrau beendet. Heirat mit der 19 Jahre jüngeren Verwandten, die die kranke Ehefrau samt den Kindern betreut hatte. Seine Kurztherapie war noch stark zentriert auf die Folgen der wachsenden Eheprobleme: Altersdifferenz, Emanzipation der Ehefrau durch deren intensive Psychoanalyse, gesundheitliche Einschränkungen, Studienprobleme der Tochter, aus deren Erziehung er fast ausgeschaltet blieb. Nebenberuflich und als Rentner arbeitete er unermüdlich weiter an der Renovierung von Haus und Nebengebäude, auch gegen den Pensionierungsschock. Dadurch hohe Ermüdungserscheinungen mit gesundheitlichen, zum Teil realen, zum Teil hypochondrischen Sterbeängsten. Beide verzichteten seit Langem auf Sexualität, worunter die Ehefrau, ihn entwertend, litt. Eine langwierige Zahnoperation hat das Gefühl der Kränklichkeit verstärkt und ihn in hochresignative Phasen geführt.

Der emotionale Kontakt war seit der vorausgegangenen Kurztherapie sehr gut. Aber die Angst vor der Wiederkehr der traumatischen Kindheitserinnerungen führte zu einem verstärkten Mangel an Introspektion in die Kindheits- und Jugendgeschichte. Durch die

Erziehungsprobleme der Tochter wie auch der Eheprobleme seiner Schwiegertochter kam es zu einer schweren seelischen Bilanzkrise, die die Ehefrau nicht mehr auffangen konnte. Und dies trotz seines disziplinierten Ankämpfens gegen ihre erhöhte Reizbarkeit und gelegentliche Zornausbrüche, verbunden mit abendlichem Weglaufen in seine Stammkneipe.

Gegen das gefährdete Selbstwerterleben half inzwischen erheblich seine ehrenamtliche halbtägige Sozialarbeit, wo er erstmals Einblick in menschliches Elend und Hilfsbedürftigkeit erhielt und dadurch eine späte Differenzierung seiner Selbstwahrnehmung. Erneuter Abwehrkampf gegen die Wiederkehr quälender Kindheitserinnerungen, die lebenslang unter workoholischem Verhalten verborgen geblieben waren. Die von Enttäuschung über sein Altern ausgelösten Wutanfälle seiner Frau triggern Erinnerungen an eine ewig mit ihm unzufriedene Mutter, für die er sich stark parentifiziert verantwortlich fühlte. Kampf gegen eine drohende Grundstimmung: »Zu was war und bin ich eigentlich noch von Nutzen?« Er schwankte deshalb zwischen den Versuchen, das durch die Analyse der Ehefrau aufgewühlte Seelenleben zu verstehen und seiner trotzig resignierten Abwendung von ihr, was die Konflikte zwischen den Eheleuten verstärkte. Die lange Überzeugung, dass er keine Therapie brauche, wolle und aushalten könne angesichts des vielleicht aufbrechenden traumatischen Untergrundes, wirkte immer stärker. Deshalb schalte ich um auf nur stützende therapeutische Begleitung. Eine tiefere deutende Aufarbeitung der Kindheits- und Jugendentwicklung schien nicht mehr möglich, aber mir imponierte die Vertiefung einer deutlich zum Vorschein kommenden Altersweisheit und Fragmente einer Lebensdankbarkeit trotz der deutlichen Abnahme seiner Lebenskraft. Wir beendeten die Therapie, er atmete erleichtert auf und verabschiedete sich überaus dankbar.

Von einer Bekannten der Familie hörte ich nach längerer Zeit vom seinem Tod und der langen, fast unstillbaren, niederwerfenden Trauer und Verzweiflung seiner Frau. Es scheint, dass es sich in der Ehe um eine zähe symbiotische Vaterübertragung bei ihr handelte, die sowohl von Sehnsucht nach Verschmelzung wie von frühem und immer erneuertem Hass durchzogen war. Zurück bleibt bei mir Trauer um eine zu lange ausgebliebene rechtzeitige Therapie mit eventueller Aufarbeitung der frühen Traumatisierung und deren Verstärkung durch NS- und Kriegsfolgen. Ich nannte schon während der Behandlung der Ehefrau beider Partnerschaft eine symbiotische Stacheldrahtbindung voller Erlösungshoffnungen, bei der jede Bewegung zu unerhörten Schmerzen führte. Der Ehefrau, die früher lange Jahre bei mir in Analyse war und nach einer Kränkung im Zorn sich verabschiedet hatte, bot ich nach Jahren der Pause Hilfe bei der Trauer an. Sie reagierte zunächst erfreut und dankbar, wollte dann aber keinen Kontakt mehr aufnehmen. Die beiden bleiben mir in trauriger Erinnerung.

Abbruch wegen »mangelnder Sensibilität« von mir

Die 45-jährige Patientin ist früh ergraut, sodass ich sie, trotz jugendlich wirkender Erscheinung, für älter einschätze. In ihr anmutiges Gesicht sind Sorgenfalten eingegraben. Sie äußert sich: Ihre seit fünfzehn Jahren bestehende Ehe sei gefährdet, sie bleibe eigentlich nur um der Kinder willen, sonst würde sie sich trennen, will dies aber verschieben, bis die Kinder aus dem Haus sind. Ihr Mann sei kinderlieb, lebenspraktisch, zuverlässig, aber kaum zu Gesprächen bereit oder fähig, dabei vorwurfsvoll, entwertend, klammernd, eifersüchtig, unberechenbar kränkend. Sie brauche oft Tage, bis sie sich von einer solchen Entwertung, die auch lautstark vor den Kindern stattfinde, erholt habe. Sie kann sich nicht vital wehren, versucht, endlos zu verstehen und fast flehend zu bitten, dass er sich anders verhalte, vergeblich. Sie zwingt sich, endlos geduldig zu sein, bis auch ihr der Kragen platzt und sie ihn dann heftig anschreit und sich später schämt und um Verzeihung bittet. Sie schämt sich vor allem vor den Kindern, die zitternd vor Angst dabeistehen, während sie sich abgrundtief als Versagerin fühlt, auch weil sie sich gegen den Mann und seine endlosen, eifersüchtigen Vorwürfe wegen einer früheren kurzen außerehelichen Freundschaft kaum wehren kann. Eine Trennung kommt für sie wegen der Kinder nicht infrage. Die Patientin macht einen sehr resignierten Eindruck. Ihre Wehrlosigkeit sei uralt, schon durch einen entwertenden und narzisstisch gestörten, vorwurfsvoll unzugänglichen Vater begründet worden.

Es habe anfangs glückliche Zeiten in der Ehe gegeben, aber die Streitereien hätten schon früh begonnen. Ihr Mann habe ihr kaum Raum zu eigener Entfaltung gelassen. Trotzdem hat sie sich eine Fülle von Fortbildungen im psychologischen Bereich mühsam ertrotzt, nach einem sogar mit der Promotion abgeschlossenen Jurastudium.

Da sie nie einen ihrer Ausbildung angemessenen Beruf fand, hat sie praktisch über lange Jahre Aushilfsjobs angenommen, aktuell putzt sie sogar bei Behörden.

Auslösend für ein Therapiebegehren, das sie als »sehr verspätet« bezeichnet, sind die zunehmende Nörgelei des Ehemannes und seine erpresserischen und unrealistischen Trennungsdrohungen. Sie erkennt, dass ihre lebenslang praktizierte Sanftmut und Nachgiebigkeit erfolglos bleiben. Die fehlende berufliche Erfüllung zehre am Selbstwertgefühl, sie habe nie kämpfen können um Status und gute Bezahlung.

Sie war ein nicht-willkommenes Knaus-Ogino-Kind, das damals zur erzwungenen Heirat ihrer Eltern führte. Der Vater unterhielt ständig Nebenbeziehungen, verschwand aus ihrem Leben mit einer längst vorhandenen Freundin, als sie vier Jahre alt war. Die Kontakte zu ihm waren danach extrem selten. »Er sah in mir nur ein narzisstisches Spiegelbild seiner selbst, ist zu Liebe und Einfühlung unfähig, betrachtete mich als psychologisches Forschungsobjekt, verweigerte mir jede Unterstützung zu Schule und Studium. Mein Lebensschicksal ist Schüchternheit und Anpassung gewesen.«

Sie suchte sich einen Mann aus, der einfühlsam schien und mit ihr Kinder wollte. »Ich habe keinen besseren gefunden«, sagt sie resigniert und extrem darbend, sozusagen verblühend ohne Hoffnung auf eigenes Leben. Sexuell ist sie lustlos geworden, fügt sich aber noch seinen Wünschen, um die Ehe zu erhalten. Eine frühere kurze Verhaltenstherapie habe ihr zeitweise geholfen, sei aber ohne dauerhaften Erfolg gewesen. Das Ausmaß ihrer Duldsamkeit ist erschütternd, sie macht den Eindruck eines rechtlosen Menschen und staunt, wenn ich Sätze ausspreche, die einen Protest gegen ihre fehlende Wehrhaftigkeit formulieren, an der ihre anfallartigen Schreianfälle nichts ändern: »Ja, darf man denn das äußern? Dann gibt es nur Krach, oder es erfolgt Abwendung.« Sie fühlt sich wie im Gefängnis, ohne die Möglichkeit auszubrechen.

Der Vater ist ein entwertende innere Stimme geblieben, der sich – obwohl hochgebildeter Privatgelehrter, den sie als Kind ungeheuer bewundert habe – nicht für sie interessierte. »Er hat sich inzwischen zu einem Berater weitergebildet, mit Ansprüchen, die ich lächerlich finde.« Die sehnsüchtige und unerfüllte Vaterbeziehung hat zu einigen vergeblichen Beziehungsversuchen mit älteren Männern geführt, die ebenso unerreichbar waren wie der Vater. Auch die Mutter, die als liebevoll geschildert wird, ist eine Sehnsuchtsbeziehung geblieben, weil sie viel zu wenig präsent war.

Es scheint, dass der vor der Tür stehende Winter und die herannahende Weihnacht alle diese Sehnsüchte und Konflikte aktualisiert haben. Aber sie weiß nicht einmal, ob sie wirklich Hilfe verdient hat, schwankt auch bezüglich unserer Beziehung zwischen scheuer Hoffnung und Resignation, verbleibt in depressiver Grundstimmung und dem Gefühl vertiefter Hilflosigkeit. Sie lebt im Konflikt zwischen Trennungswunsch und ethisch motiviertem Verharren in der Familie. Sie ist be mir zuverlässig und hoch motiviert, einsichtsfähig und rasch zu einer vertrauensvollen Grundübertragung fähig, trotz der Tiefe ihrer Resignation. Sie erprobt bereits nach wenigen Wochen Therapie kleine »Widerspenstigkeiten« dem Ehemann gegenüber und drängt ihn mit Überzeugung in eine eigene Therapie, obwohl er stets versucht, sie als die seelisch Kranke zu charakterisieren.

Die Arbeit schritt gut voran, sie sucht eifrig nach einem angemessenen Job, es misslingt aber immer wieder, vermutlich weil sie sich ungeschickt oder zu antriebslos darstellt. Eines Tages fragt sie mich, ob ich Erfahrung habe im Umgang mit »extremer Sensibilität«, und bringt mir einen Aufsatz über dieses Krankheitsbild. Ich muss verneinen, sage aber: »Ich werde mich bemühen, mich – so gut ich kann – in Sie einzufühlen.« Das gelingt einige Male zu ihrer halben Zufriedenheit. Doch dann nimmt ihre Kränkbarkeit bei kleinen Fehlern in meiner Sensibilität zu. Ich fühle mich unter Druck und es kommt zu Ungenauigkeiten meiner Deutungen. Die Atmosphäre wird zunehmend angespannt, angesichts ihrer wachsenden Unzufriedenheit, bis sie mich plötzlichen einen Versager nennt, »auf den ich hereingefallen bin«. Sie verabschiedet sich bedauernd, aber zornentbrannt. Als ich nach ein paar Wochen nachfrage, ob ihr Abschied endgültig sei, bejaht sie mit harter Stimme: »Ja, endgültig!« Sie scheint sogar stolz zu sein, es klingt, als habe sie ihr erstes selbständiges NEIN in ihrem Leben riskiert, das sie ihren sie traumatisierenden Personen nie zugemutet hat. Also stellvertretend zu mir, wie ich es mehrfach erlebt habe.

Mein Bedauern ist groß, ebenso meine Trauer, weil ich zunehmend hoffnungsvoller geworden war. Da sie im selben Stadtteil wohnt, begegnen wir uns alle paar Monate. Sie nickt mir wie verzeihend und huldvoll zu, mit freundlicher Distanz. Und es kommt per Post noch ein Aufsatz über neue Erkenntnisse zur »extremen Sensibilität« mit dem Inhalt, dass sich erst neuerdings die Diagnose und Behandelbarkeit durchsetze, mit einem Bedauern für Patienten, die bisher verständnislos und sogar vorwurfsvoll behandelt worden seien wie sie von mir. Ich erlebte ihren enttäuschten und wütenden Abschied wie eine Niederlage.

Ausstieg aus dem Jammertal und später gutartiger Abschied

Die Patientin ist von einer Freundin zu mir geschickt worden, die spürte, dass sie zunehmend verkümmerte und sich zurückzog, trotz einiger unregelmäßiger Therapiestunden (insgesamt zwölf in fünf Monaten) bei einem eher stützend arbeitenden Kollegen.

Zu ihrer aktuellen Lebensgeschichte: Vor einem Jahr brachte ihr süditalienischer Freund, mit dem sie seit einem knappen halben Jahr zusammenlebte, ihre vierzehnjährige Tochter um, als sie einige Tage ins Krankenhaus musste. Im andauernden Zustand eines Schocks wurde sie für einige Wochen in eine psychiatrische Abteilung gebracht, wo sie sich zunächst einmal aufgefangen und aufgehoben fühlte. Ich höre atemlos einer Erzählung zu, die mich gleichzeitig entsetzt und neugierig macht, fühle mich in eine Mafia-Geschichte verstrickt, schwanke zwischen Berührt-Sein, Hilflosigkeit und Hilfsbereitschaft, nehme aber auch etwas von der Angst und Fassungslosigkeit der Patientin auf, die immer noch ihre Erzählung durchdringen. Erst nach einem langen Gespräch mit einem in Mordsachen erfahrenen Kollegen und einigen Tagen Bedenkzeit entschließe ich mich, erst einmal fünf Sitzungen mit ihr zu vereinbaren.

Der Freund der Patientin sitzt in einer anderen Stadt in U-Haft und wartet auf seinen Prozess. Sie schwankt zwischen Wut, Entsetzen, Hass, Mitleid und fortdauernder Liebe zu dem Mann. Die Tochter schildert sie als ihr Liebstes, eine Freundin und Vertraute, die sie im zarten Alter von 17 Jahren nicht-ehelich bekommen habe.

Es breitet sich ein halbmafiöses, süditalienisches Milieu vor mir aus: Ihr Vater war bei ihrer Geburt fast 70 Jahre alt und selbst vermutlich verwickelt in schwere Kriminalität, ihre Mutter war damals 40. Sie wird als verbittert, bigott und als Analphabetin geschildert, wurde vermutlich von ihrer Familie an den Alten verheiratet, um sie unterzubringen oder erben zu lassen.

Die Patientin war viel krank, fühlte sich nach dem Tod des Vaters, der sie als späten Sonnenschein vergötterte, als »fünftes Rad« am Karren der Mutter. Dieser, die bereits aus einer früheren Beziehung einen 15-jährigen Sohn in ein Heim gesteckt hatte, scheint sie lästig gewesen zu sein. Sie erzählt, die Mutter habe öfters gesagt, sie hätte sie am liebsten in den Fluss geschmissen, besonders als sie nach dem Tod des Vaters wieder einzunässen begann, bis sie 15 Jahre alt war. Die Patientin kam selbst als Kind in ein Heim, musste aber wegen heftigem Heimweh zurückgenommen werden. Es gab dort viel Schläge, Hass, Gewalt, auch danach, als die Mutter mit ihrem Freund und späteren Mann zusammenzog, den sie aus dem Gefängnis weg geheiratet hatte. Es kam zu schweren Tätlichkeiten zwischen den Eltern, meist wegen dramatischer Eifersuchtsgeschichten.

Sie führte in der Pubertät ein Kümmerdasein, wurde streng kontrolliert und für freiheitliche Regungen bestraft. Sie tröstete sich mit intensiver religiöser Identifizierung und Phantasien, »heilig zu werden und Menschen zu erlösen«. Kompensatorisch gegen die lieblose Gewaltwelt setzte sie ein inneres Programm: Liebe verbreiten, auch um den Preis von Autonomie und lebendigem Selbsterleben. Sie flieht in eine frühe Ehe mit 16 mit einem sizilianischen Gastarbeiter aus Deutschland auf Heimaturlaub. Die Sehnsucht nach Geborgenheit erfüllt sich nicht, der Macho-Mann ohne wirkliche Kontaktfähigkeit, extrem gebunden an seinen Clan, lässt sie meistens allein und verloren im kalten Deutschland. Sie erlebte Sexualität als permanenten Missbrauch. Wegen extrem schwieriger Geburt der Tochter möchte sie keine weiteren Kinder mehr, es kommen aber mit einigem Abstand noch ein Sohn und eine Tochter. Nach einigen Jahren von Verzweiflung, Dulden, Auflehnung, Hass und Resignation bricht sie mit den drei Kindern nach Gewaltszenen fluchtartig von Norddeutschland aus auf, lebt zwei Jahre von Sozialhilfe, hatte schon während der Ehe die Hauptschule nachgeholt und ließ sich in Süddeutschland zur Krankenschwester ausbilden. Sie arbeitet seit einigen Jahren in angesehener Stellung in einer psychosomatischen

Klinik. Noch während der Ehe, in schweren depressiven Zuständen, wird ein Heilpraktiker als hilfreich erwähnt, der auch therapeutische Gespräche mit ihr führte: In der Eifersuchtsphantasie ihres Ehemannes ist das eine sexuelle Beziehung, wegen der er sie immer wieder schlug und vergewaltigte.

Die Patientin schwankt zwischen dem Ausdruck von Verhärmtheit, zaghafter Lebendigkeit und vorsichtigem Charme. Es ist klar, dass sie nach Sinn, Verstehen und Überlebensmöglichkeiten jenseits suizidaler Anwandlungen sucht, die schlimmsten Stadien der Verzweiflung aber bereits hinter sich hat.

Hochmotiviert kommt sie zur Behandlung, da sie weiß, dass sie Wachstum und Reifung braucht, um mit ihrem Leben noch etwas anzufangen. Sie zeigt rasch zunehmende Einsichtsfähigkeit trotz erheblicher Widerstände nach dem Mord und der tief eingegrabenen Überzeugung, dass in ihrer Lebenslinie und Wahrnehmungsfähigkeit etwas nicht stimmen kann. Aber sie stellt sich tapfer ihren verzweifelten Fragen nach ihren traumatischen Kindheits- und Jugenderinnerungen. Die Abwehrmechanismen: gelegentliches Selbstmitleid in der Opferidentität, Reste von Identifizierung mit einer »Heiligen«, die inmitten von Gewalt sich nicht rächt, sondern für ihre Kinder überlebt; Wendung gegen die eigene Person, versuchte Verleugnung ihrer Herkunft, die sie abzustreifen hofft. Sie verfügt über eine ziemlich stabile Persönlichkeitsstruktur mit regressiv-depressiven Krisen, bei denen sie dann erstarrt. Sie zeigt keine Bewusstseinsstörungen oder Wahnsymptome, ist nicht wirklich suizidal, zunächst aus hohem Verantwortungsbewusstsein für die Kinder. Die tiefsten Krisen durchlebt sie, wenn ihr jetziger, schon wegen eines früheren Totschlags verurteilter Freund sie aus dem Gefängnis heraus bedroht und Rache schwört, wenn sie ihn verlässt oder ungünstig über ihn aussagt.

Sie hatte den Freund und späteren Mörder ihrer Tochter über ein katholisches Anzeigen- und Partnersuchblatt für italienische Gastarbeiter kennengelernt und eineinhalb Jahre mit ihm nach Italien korrespondiert. Obwohl sie heute fassungslos ist, dass der Mann sie nicht darüber aufklärte, dass er vom Gefängnis aus (nach einer Verurteilung wegen Totschlags an seiner ersten Frau) mit ihr einen Neuanfang anstrebte, versuchte sie ihn auch zu verstehen trotz seiner Unwahrhaftigkeit: Zwei Frauen hatten ihn sofort fallenlassen, als er sie über seine Geschichte ins Bild setzte. Der Mann wie auch sie selbst suchten dann einen »Neuanfang« inmitten zweier von Gewalt durchzogenen Familiengeschichten. Bei der Patientin hatte das illusionäre und trotzdem realitätsverändernde Arrangement mit dem süditalienischen Macho gestaltende Kräfte freigesetzt. Die beiden kleineren Kinder liebten den Mann, der versuchte, seine »heilen« Seiten in der Familie auszubauen. Da er nach der brieflichen Vorbereitungszeit als Freigänger nach Deutschland geflohen war, zog sich ein Gewebe von Unwahrheit um die Idylle zusammen bis zu der Gewalttat, als die Tochter das Lügengebäude zu durchschauen begann und ihn voller Hass, auch mit sexuell konnotierten Ausdrücken beschimpfte. Die Patientin meint fast treuherzig, dass das nach Mafia-Sitten einen Totschlag im Affekt rechtfertige.

Aktuelles Trauma, vergangenes Trauma und neurotische Erkrankung der Patientin sind also eng verflochten. Ohne Scheidung und neues Trauma wäre sie wohl nicht auf den Weg gekommen, angesichts ihres ursprünglichen Milieus von ihrer Seele bewusste Kenntnis durch eine Psychotherapie zu nehmen und ihr Recht auf Subjektivität ernst zu nehmen. Inzwischen ahnt sie, dass sie eine Clan-Deformation in sich trägt aus Gewalt und Unwahrhaftigkeit, Lieblosigkeit und destruktiver Rollenverteilung. Die depressive Reaktion auf den Tod der Tochter von der Hand des Mannes, mit dem sie zum ersten Mal wenige Monate Zärtlichkeit, Lebenssinn und wenn auch aggressive Sexualität erlebte, öffnete also Schleusen zu Depression und Missbrauch in der Kindheit, die sie aber »agierend« bekämpfte durch religiöse Riten, Heirat, Umzug nach Deutschland, Fortbildung, Kinder und Berufsausbildung. Durch den Mord ist sie bei ihrer Depression und Identitätsdiffusion »angekommen« und stellt sich ihr. Ein zweiter Schock ereignete sich, als die Mordgeschichte in der Presse aufgegriffen wurde und sie sich in ihrer Gemeinde gemieden und enorm feindselig behandelt fühlte. Es drohte am Arbeitsplatz Kündigung, ein Wohnungswechsel wurde notwendig. Sie fühlte sich als Hexe, »die an allem schuld war«. Es gelang eine Milderung der sie bedrängenden Schuldthematik, die Bearbeitung der Wahrnehmungsausfälle und der unzureichenden seelischen wie sozialen Orientierung sowie der illusionären Anteile in ihrer Lebensbewältigung. Diese wird nun erleichtert durch die enorme wie von Scheuklappen gesicherte Leistungsfähigkeit und Zielstrebigkeit der Patientin. Es ging darum, die erheblichen intellektuellen und charakterlichen Qualitäten herauszulösen aus einer permanenten »Verwirrung« in ihrem Leben, die durch Lüge und Unwahrhaftigkeit genährt worden war. Es ging ferner um die Grundlegung einer inneren Repräsentanz, die ihr die Ausgestaltung eines »persönlichen Selbst« erlaubte. Da ich die beiden Kinder, die während mancher Stunden im Wartezimmer spielten, mehrmals erlebt habe, staunte ich über die Tragfähigkeit, mit der die Patientin die beiden durch die Krise gebracht hatte. In der Therapie ging es auch darum, das Schwanken zwischen Emanzipation als psychischem Überleben mit daraus folgender unbewusster Schuld und einer Selbstaufopferung aus Familienloyalität in ein kreatives Gleichgewicht zu bringen.

Dagegen war der Rückblick auf ihre ersten 13 Jahre zunächst undifferenziert vereinfacht und die Eltern so plump idealisierend, dass fast von einer selektiven emotionalen Dummheit die Rede sein konnte. Es ist aber auch denkbar, dass zunächst eine starke Scham vorherrschte bei dem unbewusst kaum tauglichen Versuch, wenigstens die Kindheit als intakt darstellen zu können. Im Lauf der ersten Wochen oder Monate, wegen dauernder Rückfälle und Widerstand gegen die Wahrheit, fiel ihr die erschreckende seelische Erkenntnis wie Schuppen von den Augen, als der Kontakt zu mir auch stabiler geworden war.

Die Arbeit mit ihr fing sogar an Freude zu machen. Sie ist verlässlich, verantwortungsbewusst und kann das Arbeitsbündnis auch dann halten, wenn sie, wie an manchen Wochenenden, in Krisen von Sinnlosigkeit abstürzt und ihren Berufs- und Mutteraufgaben nur noch mechanisch für einige Tage nachkommt. Doch die Lebensbewältigung bleibt erhalten, heilsame Regression in den Stunden gleicht einem vorübergehenden Abtauchen, aber nicht in ein manchmal wie zum Trost phantasiertes suizidales »Aussteigen«. Sie konnte, nachdem eine neue Wohnung gefunden war, aus größerer Entfernung nur noch selten kommen, erlebte nochmal einen enttäuschenden Abbruch einer Beziehung, weil ein neuer Freund sich zu sehr an sie klammerte. Als die Kassenstunden zu Ende gingen, konnte ich sie noch eine Weile weiter begleiten mit ermäßigtem Honorar, was ihr schon peinlich genug war. Sie brach schließlich ab, und ich musste sie ziehen lassen, traurig, dass ich sie nicht für ein noch geringeres Honorar zum Bleiben bewegen konnte. Es hätte weiterer Arbeit bedurft, das Geschenk anzunehmen. Ihr Stolz war dagegen. Durch das moralische Erbe meiner christlichen Mutter, die so viel »um Gotteslohn« an Flüchtlingen nach Kriegsende geleistet hat, wäre es mir ein Leichtes gewesen, »Barmherzigkeit zu üben.« Doch es sollte nicht sein.

Umso größer war meine Freude, als ich sie nach Jahren am Empfangstresen einer großen Arztpraxis wieder traf, hübsch und strahlend dankbar, fast wie beim Wiedersehen einer unerwartet von allen Schicksalsschlägen genesenen Freundin.

Vatersuche und ein befremdendes Ende

Der höhere Beamte eines Landesministeriums, 75-jährig, seit zehn Jahren pensioniert, genoss einen ruhigen Lebensabend mit Wandern, Reisen, mäßigem Sport, Musik, kirchlichem Laienengagement und sichtlich liebevoll mit einer ebenfalls ehrenamtlich engagierten und lebensfrohen Ehefrau. Die drei längst erwachsenen und im Beruf tüchtigen Kinder leben »leider« zum Teil weit entfernt. Beide, die zu den Erstgesprächen gemeinsam kamen, schauten auf ein »gelungenes, ja besonntes Dasein zurück, bis uns eine unverständliche Katastrophe ereilte«. Den Mann überfiel, wegen einer Sehtrübung seit Langem nur auf dem Beifahrersitz, im Tunnel auf einer kurvenreichen Bergfahrt eine Herzattacke, der eine heftige Depression folgte. Sie machte einen mehrwöchigen Aufenthalt in einer psychosomatischen Klinik nötig. Der besserte aber nichts an seinem Zustand, im Gegenteil, er entmutigte ihn weiter, und so führte ihn die Empfehlung eines Freundes zu mir. Er nannte ihm zwar meinen Namen, aber teilte ihm nicht mit, dass ich ein Analytiker mit einbezogener Körperpsychotherapie bin.

Es gingen dem Erstbesuch einige mühsame Telefongespräche voraus, mit besorgten Erkundigungen nach meiner Kompetenz, meinem Alter, meiner Lebenserfahrung und der Frage, ob die Ehefrau während der ersten Sitzungen zugegen sein könne, er fühle sich ängstlich und durch sein Leiden vielleicht auch sprachlich nicht auf der Höhe. Nachdem ich das zugesagt hatte, erschien das Paar, sie höchst lebendig und rasch das Wort ergreifend, er sichtbar mitgenommen von dem Aufstieg in den dritten Stock zur Praxis. Sie, gleichaltrig mit ihm, übernahm rasch die Regie und berichtete über die Lebenseinschränkungen und den Mangel an psychotherapeutischer Betreuung in der psychosomatischen Klinik, was er mit einem schwachen Wutausbruch bestätigte. Ich erfuhr aus einer sehr bruchstückhaft berichteten Lebensgeschichte über glückliche Kinderjahre beider in Schlesien, dann von mühsamer Flucht vor der herannahenden Front, von entsetzlichen, ja grauenhaften Bildern am winterlichen Fluchtweg, von unruhigen Zwischenaufenthalten bei Verwandten und einem mehrjährigen beengten Leben in einem ausländischen Flüchtlingslager.

An alles habe er aber wenige Erinnerungen, wollte auch nicht wahrhaben und glauben, dass diese Vorgeschichte einen Einfluss auf die doch sehr plötzlich aufgetretene und anhaltende Depression haben könnte. Er habe sich trotz Flucht und Lager von seinen Eltern samt seinen zwei jüngeren Geschwistern immer geborgen und beschützt gefühlt. In B. angekommen, habe er früh geheiratet, fromm in der Kirchengemeinde gelebt, fast ungetrübt Abitur gemacht und ein Betriebswirtschaftsstudium absolviert, später mit einem stetigen Aufstieg im angesehenen Beruf, der ihn auch einige Jahre in eine große, eine oder zwei Stunden entfernte Stadt führte, je nach dem benutzten Verkehrsmittel.

Er konnte oder wollte nichts Belastendes daran sehen an einem ähnlichen, sie aber durchaus belastenden Kriegs- und Nachkriegsschicksal, das sie durchlitten hatte mit vielen präsenten Erinnerungen. Er habe sein Erleben immer verharmlost. Ich war also auf Vermutungen und Phantasien angewiesen, eben weil er auf der wochenlangen Flucht Entsetzliches erlebt haben musste, woran er sich aber nicht erinnern konnte oder wollte. Den Eltern scheint es trotzdem mit hoher Anstrengung gelungen zu sein, für die Kinder Ruhe und Sicherheit auszustrahlen. Seine Mutter schildert er nach wie vor als warmherzig, gütig und lebenstüchtig, das Bild des Vaters bleibt vage, bis auf eine mehrfach wiederholte »Strenge« und blasse Präsenz und eher von einer fast rituellen Autorität umgeben. Die Familie sei sehr christlich-katholisch orientiert gewesen, und er selbst später fruchtbar tätig in der kirchlichen Jugend- und Bildungsarbeit.

Körperlich ist der »früher sehr sportliche« Patient, wie er klagt, inzwischen stark abgemagert, kaum zu größeren Spaziergängen in der Lage zum Kummer seiner Frau, die alles versucht, ihm das depressive Leben erträglich zu machen. Sie sitzt mit meiner Billigung und anfangs auf seinen dringenden Wunsch in den ersten Stunden mit dabei, später auch im Wartezimmer lesend auf das Ende einer Stunde wartend, wenn er über peinliche Dinge sprechen wollte, die sie nicht kannte.

Die therapeutischen Gespräche entfernten sich immer mehr von den ihm unfruchtbar erscheinenden Gedanken über seine Kinderbiographie hin zu kulturellem und philosophischem Austausch, zu dem er mich geschickt zu lenken wusste. Doch als er mehrere Male wegen Kränklichkeit absagte und auch in den präsenten Stunden über starke Erschöpfung klagte, beschloss ich, ihn dauerhaft auf die Couch zu betten, die ich immer wieder »mein Sanatorium« nannte, worauf er bitter sagte: »So weit ist es also gekommen!« Er legte sich gehorsam hin und fühlte sich sofort wehrlos ausgeliefert, ohnmächtig und gedemütigt und unwürdig behandelt, während mein Ziel doch war, »Sie zu stärken, unter Wahrung Ihrer Würde«. Schließlich bot ich ihm, wie ich es mit depressiven älteren Patienten seit Längerem praktiziere, als ständige Kraftquelle meine Hand an, was er aber wieder als extrem befremdlich und als »grotesk, mit einem fremden Mann!« bezeichnete, sodass ich fast schuldbewusst zurückzuckte, als hätte ich einen schweren Fehlgriff begangen.

In Ruhe erklärte ich ihm die erlebte väterliche Berührungslosigkeit, die durch eine behinderte Hand und eine andere, lange unerwähnte Störung noch verstärkt worden war. Dazu fiel ihm beim Liegen ein, dass sein Vater seit seiner Jugend schwer an einem Ekzem gelitten habe und er ihn als Kind gelegentlich salben und verbinden musste, »selbstverständlich mit tiefem Mitleid, aber ohne Ekel«. Trotzdem ließ er es zu, das als eine gravierende Behinderung von Berührung zu bezeichnen, die auch den Vater zusätzlich körperlich scheu gemacht habe.

Ich verwies ihn auf *seine* Scheu und *seine* Scham beim Liegen und erklärte ihm, wie dringend Kinder, insbesondere Jungen, einen dichten innigen, auch kämpferischen Kontakt zum Vater bräuchten, um ein umfassendes Bild von Männlichkeit zu entwickeln. Doch das entwertete er: »Aber das habe ich mir doch durch lebenslangen Sport geschaffen!« Es kostete ihn jedes Mal neue Überwindung, meine Hand zu nehmen, bis er traurig erstaunt sagen konnte: »Das habe ich noch nie erlebt. Und berührt habe ich nie so nahe einen Mann, auch an intensive körperliche Kontakte mit meinen größer werdenden geliebten Kinder kann ich mich nicht erinnern.« Er hatte keine Vorstellung davon, ob seine Söhne sich je an ihn angelehnt hätten. Unvermittelt fragte er mich, wie sich denn *meine* Männlichkeit entwickelt habe, und da berichtete ich ihm, die Grenze zum Privaten überschreitend, von meinem körperbehinderten Vater und der schwer erträglichen körperlichen Distanz zu ihm. Ebenso von der fast übertriebenen Rolle von Sport in meiner Jugend, von der gefährlichen frühen Erkrankung meines Vaters und von meiner eigenen langen Körperpsychotherapie. Diese und einige weitere Parallelen in unseren Biographien brachten uns einander näher, und er beschloss, in einem neuen Kontrakt zum Tanken in der Berührung, seine Scheu zu überwinden und auch in weiteren kräftigenden Berührungen tapfer zu sein. »Ich spüre, wie sehr Sie sich um mich bemühen, und ich entschuldige mich für meine Starrheit und mein Misstrauen in Ihr Tun.« Ich tröstete und ermutigte ihn: »Sie gehen mit einem zuerst ganz unbekannten Mann ein überraschend befremdliches Beziehungsabenteuer ein.«

Durch ein Missverständnis bin ich bei einem seiner Termine nicht da. Als er am nächsten Tag zusammen mit seiner Frau kommt, die ihn wieder »bringt«, sagt er gleich, er sei am Vortag so aufgeregt gewesen und dann unsicher, ob er sich vielleicht in der Uhrzeit getäuscht habe. Er bezeichnete sich auch in den ersten Stunden als ungewöhnlich aufgeregt. Nun beginnt er erneut, über die vier Monate in der Klinik äußerst unzufrieden zu sprechen, es habe praktisch keine Einzelpsychotherapie stattgefunden, nur dauernd Arztgespräche über seine gravierenden, mir bisher unbekannten somatischen

Beschwerden wie z. B. Durchfall und extreme Verstopfung. In der obligatorischen Gruppentherapie in der Klinik habe er sich »äußerst unwohl« befunden. Und niemand habe sich nach seinen von mir so in den Vordergrund gerückten Erlebnissen vor und bei Kriegsende und Vertreibung, Flucht und Lagerleben erkundigt. Nach zwanzig Minuten in der nächsten Stunde versagt der Kreislauf, er fängt an zu zittern und hat Mühe zu sprechen, er ist bestürzt: »Dieser Zustand ist mir unbekannt.« Er erreicht seine Frau, die im Wartezimmer sitzt, auf dem Handy. Sie eilt besorgt herüber und versucht, ihn liebevoll mit der Hand zu beruhigen. Er kann daraufhin wieder sprechen und entschuldigt sich voller Scham.

Da ich sehe, wie wichtig ihm die Präsenz seiner lebendigen Frau ist, verabreden wir, dass sie gelegentlich wieder mitkommt in die Stunden. Sie hält häufig beruhigend seine Hand, der Kontakt zwischen den beiden ist spürbar innig, sie sind beide stolz, sich seit Schülerzeiten zu kennen und mit 21 Jahren geheiratet zu haben. Sie rühmen ihre »glückliche Ehe mit drei wohlgeratenen Kindern«. Seit dem »Vorfall« vor mehr als einem halben Jahr sei er ängstlich, manchmal körperlich unsicher, fahre wegen Medikamenten nicht mehr Auto, sei also sehr abhängig von seiner Frau, die wie immer einen lebhaften Eindruck macht. Er sei immer gesund und gelassen gewesen, habe sein arbeits- und abwechslungsreiches Leben genossen. Erst seine Frau, ebenfalls kriegstraumatisiert, betont, von seinen frühen Erlebnissen habe er weder in der Klinik noch ausführlich mit ihr gesprochen, sie wisse aber manches. Zusammen arbeiten wir uns an fragmentarische Erinnerungen heran. Ein Film über Flucht und Vertreibung aus dem Osten, gesehen vor einem halben Jahr, habe zu einem totalen Stimmungszusammenbruch geführt, sodass beide beschlossen, nie wieder Filme zum NS-Thema anzuschauen. Es ging um Vertreibung, als er acht Jahre war, im Treck, in Kälte und Hunger, nach Rettung mit dem letzten Schiff aus Swinemünde. Später dann Einweisung in das Flüchtlingslager für vier Jahre, das er als »Gefängnis« erlebte. Danach Übersiedlung nach Deutschland, zuletzt in die weitere Umgebung von G. Der Vater wird als schwach und eher depressiv geschildert, aber ihm gelang die Rückkehr in seinen alten Beruf, bei nur sitzender Arbeit wegen dem stets offenen Beinleiden. Die Ehefrau wirkte meist überlebensmutig und heiter, ist inzwischen jedoch zunehmend erschöpft durch die Betreuung ihres Ehemannes. Als er für Wochen erkrankt, biete ich seiner Frau die frei gewordenen Stunden an, die sie gerne wahrnehmen würde, aber er untersagt ihr strikt, das Angebot anzunehmen. Er hält mich ohnehin für verbündet mit ihr, seit ich sie immer wieder ermahnte, den oft in Selbstmitleid Versinkenden nicht zu sehr zu schonen bei Spaziergängen.

Psychisch wie körperlich wirkt er stark verunsichert, vermutlich unter dem späten plötzlichen Ansturm der traumatischen Erinnerungen, die buchstäblich verdrängt und überwölbt waren von der als glücklich erlebten Existenz, zu der »meine Frau sehr beigetragen hat«. Er nennt sie eine »Fortsetzung meiner geliebten und heiteren Mutter«. Es erstaunt ihn, dass in ihrem und meinem Schutz die Erinnerungen an den Treck doch noch hochkommen, die Straßen gesäumt von durch russische Tiefflieger erschossene oder erfrorene oder verhungerte Menschen.

Es imponiert der Kontrast zwischen dem sehr religiös gelebten glücklichen Familienleben, davor die jahrelange Arbeit als katholischer Ministrant und Oberministrant, die erste Liebe mit unbeholfener Sexualität, »gehemmt und hoch neurotisch«, wie er sagt. »Und trotzdem rasche Schwangerschaft, erlebt als unzüchtige Familienkatastrophe mit Verfluchung durch den Vater: ›Du bist nicht mehr mein Sohn!‹« Später gelang eine langsame Versöhnung durch das Geschenk eines Enkels, aber längere Isolierung in der frommen Dorfgemeinde. Wiedergutmachung durch aktive kulturelle Gemeindearbeit.

Alles Frühe brach im Tunnel, mit Panik verbunden, kurz auf, wird aber in der Klinik erneut verdrängt, unterstützt durch starke Antidepressiva mit beunruhigenden Nebenwirkungen. Jetzt schwere Schlafstörungen, Alpträume, Zukunftsangst, Sorge um die Gesundheit, verstärkte Anklammerung an die Ehefrau. Er versäumt öfter die Stunden, teils wegen Schwächeanfall oder Erschöpfung, was die Therapie etwas unregelmäßig macht, mit holpriger Wiederanknüpfung in den folgenden Stunden. Er wird immer abgemeldet durch seine Frau.

Der Kontakt wurde immer brüchiger, die hohe Treppe hinaufzukommen wird immer mühsamer, sodass er nicht ganz unzufrieden meint, es wäre besser aufzuhören. Da ich aber noch immer an mögliche Hilfe gegen die Depression glaube, biete ich ihm an, ihn in der ebenerdigen Praxis einer Kollegin zu behandeln. Er staunt dankbar, aber verlegen über meine Hilfsbereitschaft, bittet erst überlegen zu dürfen, sagt jedoch schließlich ab und verabschiedet sich am Telefon mit ausgezeichneter dankbarer Höflichkeit.

In mir bleiben Trauer, aber auch Ärger zurück über so viel unvollendete Arbeit, dabei waren mir die beiden sehr kultivierten Menschen auch ans Herz gewachsen. Ich hoffte sogar vergeblich, dass sie sich wieder melden würden, bei zunehmendem Leidensdruck und einem möglichen Verzeihen meinem für ihn so ungewohnten, leider nicht nur verbal gebliebenen Arbeitsstil. Mit nur verbalem Verstehen wäre ich mit Sicherheit nicht sehr viel später auch verloren gewesen. Er hätte mir meine Deutungen kritisch und ungläubig zerpflückt. Das Verbot an die Frau, seine Stunden zu übernehmen, hinterließ auch eine stille Wut bei mir, denn sie hätte für ihre Kriegserlebnisse auch Hilfe brauchen können, vor allem für ihr anstrengendes Mittragen seiner Depression, für das er ihr gelegentlich dankte, wenngleich etwas rituell, als sei das selbstverständlich und mit ihrer Lebenskraft leicht zu leisten. Leider habe ich nie mehr etwas gehört von den beiden.

Der Sieg der bösen Introjekte

Die knapp 75-jährige Patientin, frühpensionierte Grundschullehrerin, später Lehrerin für Gehörlose, ist überrascht, dass ich ihr trotz ihres Alters »eine Chance geben will«. Sie sei unter demütigenden Umständen von zwei Psychotherapeuten nach wenigen Stunden verabschiedet worden bzw. ist geflohen, »sie waren zu neutral und ohne Einfühlung«. Es müssen frühe böse Übertragungen und agierte Gegenübertragungen am Werk gewesen sein. Aber diese Vorgänge passen bereits zu ihrer langen Geschichte von Mobbing in Schule und Beruf.

Sie ist fast servil dankbar, möchte dann wegen eigener Schwerhörigkeit ziemlich nahe an meinem Sessel sitzen, was ungewohnt ist, aber was ich gerne gewähre. Sie erzählt eine Leidensgeschichte aus einer Familie, die ich für mich als ein Schlangennest bezeichne: »Ich bin als Mädchen von der auf einen Bauernhof eingeheirateten Mutter nicht gewollt gewesen, sie hat mich oft grausam geschlagen und auf dem Hof wie eine Sklavin benutzt, zum Schweinefüttern, und mich dabei noch heftigst kritisiert, während sie die ›feine Madame‹ gespielt hat.«

Der Anlass ihres Kommens: Ihr Neffe flehte sie an, nach dem Tod von dessen Vater, ihrem Bruder, dessen zwei Kinder, also ihre Enkel, für die fast dreiwöchigen Ferien zu übernehmen mit ihren 73 Jahren! Deren Mutter, also ihre Schwiegertochter, sei verschwunden. Sie hatte im Lauf der Jahre bereits viel für ihre Neffen und Nichten getan, quält sich trotzdem mit Schuldgefühlen wegen einer früheren Absage an den Neffen. Ein weiterer Grund für ihr Kommen st das Herannahen des gefürchteten Weihnachtens.

Ein gravierendes Lebensthema ist Einsamkeit. Sie habe in dieser für sie schwierigen Zeit früher immer Gruppenreisen unternommen, diesmal wolle sie »einsam aushalten – und das macht mit Angst; außerdem bin ich inzwischen häufiger krank«.

Zum Thema Einsamkeit zitiere ich aus dem Aufsatz von Marion Nonnenmoser im *Deutschen Ärzteblatt* (PP-Ausgabe vom Januar 2012), die das Thema Einsamkeit aus therapeutischer Sicht aufgreift:

»Psychisch kranke Menschen sind oft einsam. Auch kann Einsamkeit psychische Störungen auslösen und verstärken. Einsamkeit ist gleichbedeutend mit permanentem Stress.« Einsame »sind gegenüber ihren Mitmenschen nicht selten misstrauisch, zynisch und aggressiv. Sie bewerten sich und andere negativ und erwarten, dass andere sie zurückweisen. Sie sind schüchtern und pessimistisch, und ihr Selbstwertgefühl ist schwach. Außerdem neigen sie dazu, in sozialen Situationen befangen zu sein und sich so zu verhalten, dass andere sie zurückweisen.«

All dies trifft in extremem Maß auf die Patientin zu, es charakterisiert sie geradezu, und das Herannahen von Weihnachten hat den Zustand verdichtet und in eine Bilanzdepression geführt.

Zur Lebensgeschichte: Sie war zwar Vaters Liebling, aber der konnte sie vor dem Hass der Mutter nicht wirklich beschützen. Die Patientin erinnert sich an viele Schläge, Haare ausreißen und an einen Vorfall, bei dem die Mutter sie mit Fäusten bewusstlos schlug. Als sie wieder erwachte, traktierte sie das Kind auf dem Boden mit Fußtritten. Grausamkeit ist in der weiteren Familie eine stabile Beziehungsform. Der vier Jahre ältere Bruder war das verwöhnte Idol der Mutter, was bei der Patientin tiefen Neid hinterlassen hat. Trotzdem schlug der Bruder mit neun Jahren einmal so auf die Mutter ein, dass der Vater ihn nachts aus dem Haus warf. Die Beziehung blieb danach kalt, mit vierzehn erfolgte der zweite Rauswurf, weil er eine Lehre platzen ließ. Die beiden lebten ohne direkten Kontakt auf dem weitläufigen Hof, bis der Sohn mit achtzehn auszog, verflucht vom Vater, weil er den Hof nicht übernehmen wollte. Die Patientin hing bewundernd am Bruder und erlebte sein Leid wie ihr eigenes.

Mit vierzehn gelang es ihr, da sie unbedingt das Abitur anstrebte, in einem strengen Kloster mit externer Schulmöglichkeit unterzukommen unter der Bedingung, dass sie ohne Abschied von zuhause Novizin werden sollte, ohne das Elternhaus je wieder zu betreten. Als Externe besuchte sie das nahe Gymnasium in schwarzer Tracht als absolute, viel gehänselte Außenseiterin. Sie hungerte sich durch das Pädagogikstudium, weil von zuhause keine Unterstützung kam. Sie sagt: »Mein plötzlicher Abschied mit vierzehn hat dem Vater das Herz gebrochen. Gebrochene Herzen gehören zu unserer Familie.«

Nach ihren Jahren als Grundschullehrerin erfolgt die Fortbildung zur Lehrerin für Gehörlose, nach mehreren Jahren kommen nach Krankmeldung wegen Überanstrengung aufgrund ihres unbezähmbaren Ehrgeizes Nervenzusammenbrüche, Burnout und Mobbing und die Frühpensionierung. Eine einzige Liebesbeziehung scheitert an »Schlägen und seelischer Grausamkeit« des Freundes. Dann immer wieder nur »gute Freundinnen« und schmerzhafte Trennungen, Wiederholungen von Aspekten der Mutterbeziehung, und wie sie sagt: »Sobald eine Beziehung gut ging, kamen Vorwürfe, dass ich zu sehr klammere.«

Auch ihr Bruder war jahrelang seelisch extrem grausam zu ihr, als sie sich trotz seinem »drängenden Befehl« weigerte, die pflegebedürftige Mutter bei sich aufzunehmen. Es folgte die totale Isolierung durch ihn, ein Verbot, das Elternhaus zu besuchen, wo er mit seinen Kindern lebte. »Ich habe einfach alles verloren. Ich war unfähig, für mich einzustehen, kämpfte aber wie eine Löwin für andere, zum Beispiel für meine Schüler, dadurch gab es oft massive Konflikte mit dem Rektor.«

Erfreuliche Wanderungen mit dem Alpenverein musste sie aufgeben wegen rascher Erschöpfung und Darmproblemen, dadurch Verstärkung der Einsamkeit und wachsende Bitterkeit. Annoncenversuche für Bekanntschaften scheitern kläglich: »Merkwürdige Menschen haben sich gemeldet! Aber ich weiß auch, wie abweisend, zynisch und entwertend ich sein kann.« Ihre soziale Wehrlosigkeit hängt auch damit zusammen, dass sie Wut und Ärger total zu unterdrücken versucht: »Ich wollte um keinen Preis so werden wie Mutter und Bruder.«

Vatersuche und ein befremdendes Ende

Sie ist voll der aufgestauten Bitterkeit und Trauer um ihr verlorenes lebendiges Leben. Ihre Berichte werden oft von heftigem Weinen unterbrochen, für das sie sich schämt und sich servil entschuldigt. Ihre Resignation hat sich vor Weihnachten verdichtet. »Ich habe Todessehnsucht, ich würde mich aber nie umbringen! Doch mein Leben erscheint mir oft sinnlos.« Sie ist bösen Introjekten ausgeliefert, die sie quälen und ihr Selbstwertgefühl extrem angreifen. Nur ein enormer Überlebenswille hat sie durchhalten lassen, sie ist dem inneren Dauerkonflikt zwischen Trotz, Verbitterung und Resignation fast ständig ausgesetzt, nur unterbrochen von den inzwischen sehr anstrengenden, aber lange sehr geliebten Besuche der Enkel, die sie förderte und verwöhnte. Die schwindenden Lebenskräfte machen ihr Angst, sie könnte seelisch erneut zusammenbrechen. Sie braucht mich zunächst einmal als Zeugen für ihr Lebenselend, das mit starken Zeichen von Selbstmitleid durchsetzt ist. »Mir könnte bald alles über den Kopf wachsen.«

Diagnose für die Beihilfe: Aktualisierte Bilanzdepression mit akut verschärften Vereinsamungsgefühlen und tiefer Angst mit gelegentlicher Panik, »von der aufgestauten Wut und dem Groll überwältigt zu werden«.

Aus dem Behandlungsplan: ein- bis zweistündige analytische Therapie. *Ziel:* Ichentlastung durch Rollenspiel-Konfrontation mit den am meisten schädigenden Personen und deren Introjekten. Arbeit am Ressentiment, dem Hass und dem Misstrauen in Beziehungen. Nach den Probestunden ist deutlich, dass sie auf fast vergessene Hoffnungen und Erinnerungen als schwache, aber immer wieder wirksame Überlebensressourcen zurückgreifen kann, z. B. auf Fragmente der frühen Vaterbeziehung und frühen Spiel- und Bemutterungsszenen mit dem kleinen Bruder, bevor die niederschmetternde Rivalität mit ihm begann. Sie ist dankbar, dass ich ihr das kumulative Elend glaube und sie nicht angreife mit dem leider oft gehörten Satz, es sei alles selbstverschuldet, der sie von innen wie von außen traf und trifft.

Aus meiner erweiterten Prognose: Günstig. Sie spricht dankbar auf mein Zuhören und mein Verständnis an, spürt, dass ich mitfühle bei der Grausamkeit ihres Lebens und den immer wiederkehrenden Abstürzen. Sie nimmt beim Abschied meine Hand in ihre beiden. Sie ist pünktlich und zuverlässig, hoch motiviert, kommt immer ein wenig zu früh, um sich nach dem Aufstieg im Wartezimmer »ausschnaufen« zu können, liefert für den Bericht für die Kasse einen ausführlichen, sich immer wieder erweiternden Lebensbericht. Manchmal kommen in den Stunden Gift und Galle hoch, dann wieder Tränen, besonders als ihr klar wird, dass sie die Kinder nicht drei Wochen beherbergen kann und vor allem will. Dabei spielt auch Rache am Bruder eine Rolle, und von ihr, streng verdammt, Schadenfreude über das ihn fast vernichtende Verschwinden seiner Frau.

Die Arbeit ist sowohl mühsam, dann wieder zum Teil sogar begeisternd. Ich spüre, dass ich rasch raus muss aus der im Hintergrund drohenden traumatisch negativen Übertragung. Doch sie kennt aus ihren Fortbildungen, vor allem aus der Gestalt-Pädagogik, die Konfrontation mit den »Gegnern«. Ich beginne, als noch leichter Übung, mit den enttäuschenden zwei Therapeuten, denen sie gründlich die Meinung sagen kann über ihr beschuldigendes unempathisches Versagen. Neben dem Zorn fällt vor allem das Ausmaß ihrer zynischen Geringschätzung auf, und dies als böses Zeichen »nach einer hoffnungsvoll idealisierenden Vorgeschichte der Annäherung nach langer Suche nach einem Behandlungsplatz«. Schon diese war eine schwere Demütigung, »weil ich es stolz gewohnt war, mich alleine durchzubeißen«. Sie wirft ihnen Inkompetenz und Anmaßung vor und bereut die lange Suche und die zeitraubende Anreise in deren Stadt.

»Dann kommt der Bruder dran!«, sagt sie kampfentschlossen, und bei der Erinnerung an dessen Härte und Demütigungen kommt sie immer wieder in das hasserfüllte und verzweifelte Schreien. Heimlich besorgte sie sich einen Ersatzschlüssel und holte sich vertraute Gegenstände aus dem Hof, um den Bann seines Hausverbots triumphierend zu durchbrechen. Sie nennt ihn einen Lügner, Erbschleicher und korrupten Betrüger, der sich den Besitz widerrechtlich angeeignet und sie um das Erbe gebracht habe. Die Mutter nennt sie in wildem Zorn eine Hexe, der sie den Feuertod wünscht, sie malt sich fast lüstern deren Schreien auf dem Scheiterhaufen aus. In den Erschöpfungspausen weint sie und stöhnt: »Ach, nie hat jemand mir das ganze Leid geglaubt. Es war zu viel an Ungerechtigkeit und Verschmähtsein.« Ich erlebe mich als vorsichtig im Deuten, in Erinnerung an die ihr als grob im Gedächtnis haftenden Kollegen, denn sie wittert sofort Beschuldigung und den Vorwurf des larmoyanten Versagens.

Dann ist der einst heiß geliebte Vater dran, der »der mütterlichen Hexe nicht gewachsen war« und sie kampflos in das Kloster ziehen ließ. Liebende und wuterfüllte Gefühle für ihn halten sich fast die Waage, und sie fürchtet immer wieder, verrückt zu werden. Das wiederholte Mobbing unter Kollegen fällt ihr wieder ein: »Die hätten mich auch vernichtet in ihrer Wut auf mein unbedingtes Engagement für die Kinder, wenn mich ein Rektor nicht immer wieder gerettet hätte. Ich bin so erschöpft.«

Wenn die Introjekte zu toben beginnen in der düsteren Gruft ihrer Seele macht sie öfter Therapiepause, wird krank und überschüttet mich mit giftigen Zweifeln an meiner Kompetenz und der Wahrhaftigkeit meiner Zuwendung: »Sie tragen doch die typische Maske aller Therapeuten, die sich und mir etwas daherlügen über ihre warmherzige Zuwendung, und kassieren dreist und geldgierig den Kassensatz.« Und immer wieder schimpft sie: »Es ändert sich ja gar nichts an meiner Verzweiflung, auf Sie bin ich eben auch reingefallen, wie auf viele, die es angeblich gut mit mir meinten. Manchmal verabscheue ich Sie wie meinen feigen Vater und meinen brutalen Bruder und meine scheußliche Mutter.«

Trotz der gestalttherapeutischen mildernden Arbeit des »Aufräumens bei den bösen Introjekten« verdichten sich die kumulativen negativen Übertragungen, ich werde zunehmend hilflos und ohnmächtig und fürchte, dass diese über mir zusammenschlagen. Ich konsultiere Intervisionskollegen, sie raten zu Geduld und Durchhaltekraft, ich versuche es mit ihrem Rückhalt, bis die Patientin mich eines Tages mit Verachtung verlässt, mit den bösen Worten: »Sie haben alles nur noch schlimmer gemacht!«

Nach einigen Monaten, in denen ich auf ein Abklingen ihrer Enttäuschungswut und -verzweiflung hoffe, biete ich ihr eine Fortsetzung an. Ich hatte zu lange resigniert auf mein Zaubermittel der beruhigenden Berührung in bergender Regression verzichtet, vielleicht aus Angst, verhöhnt und geschlagen oder gekratzt zu werden. Ich war mir also selbst untreu geworden in meiner Überzeugung, dass »heilsame Berührungen« (Günter Heisterkamp) eine in der negativen Wiederholung verrottende Beziehung retten können, weil eine biologische Basis der Bindung erhalten bleibt inmitten der sich anbahnenden Katastrophe. Doch ihre Kränkbarkeit und ihr tiefes Misstrauen hatten gesiegt, vielleicht auch durch meine Feigheit aus halbbewusster Angst vor ihr, die ich durch mein Angebot einer Fortsetzung wiedergutmachen wollte. Doch es kam eine beißende Absage, die ich wie eine Abschiedsohrfeige schmerzlich erlebte.

Bilanz

Den Fallgeschichten liegt keine besondere Auswahl zugrunde, ich habe alle genommen, mit deren Ende ich unzufrieden, enttäuscht, nur halb zustimmend, traurig oder auch wütend war, von den ersten Texten für Kassenanträge an bis zu allerletzten »schmerzlichen Abschieden«. Deshalb gibt es auch keine speziellen Eigenarten oder Unterschiede in der ursprünglichen Annahme der Patienten: Alle haben mich anfangs interessiert, auch fasziniert, direkt angesprochen, zur raschen Adoption verleitet. Die wenigen, die ich ablehnte oder mit einem Ratschlag versehen an Kollegen weiter verwies, sind natürlich nicht verzeichnet. Es fehlen auch Patienten mit eindeutigen Süchten, zum Beispiel Alkohol oder Medikamente, nach einigen enttäuschenden, rasch gespürten Misserfolgen, nach denen ich mir eindeutig klar wurde, dass mir ausreichende Empathie, Geduld und Ehrgeiz für sie fehlten.

Es gab allerdings Unterschiede im Tempo des Behandlungsbeginns, der Stundenfrequenz, des raschen oder zögerlichen Sich-Einlassens, des Leidensdrucks oder der Motivation. Ziemlich groß waren einzelne Unterschiede in den Reaktionen auf Pausen, der Dringlichkeit von Notstunden, großer oder mäßiger Zuverlässigkeit gegenüber der Arbeit, Schwankungen in meinem eigenen Engagement. Es ging um meine Geduld und deren Schwanken, auch zwischen Zuversicht und gelegentlicher Resignation sowie der Bereitschaft, Denk- oder Fühlpausen zuzulassen. Sie konnten bei einigen Patienten zwischen Wochen, Monaten und sogar Jahren dauern oder mit Abbrüchen enden. Es gab bei mir selbst auch Unterschiede in der Toleranz von quälenden Widerständen, langer Stagnation, von Sympathie oder starker Zuneigung und der Art, wie ich sie diese spontan oder therapeutisch reflektiert spüren ließ – auch der Verliebtheit in ihre inneren Kinder. Doch ich war nie wirklich auf erwachsene Art verliebt oder gar erotisch oder sexuell in Versuchung, auch wenn ich bei einigen Pati-enten selbst auf starke Verliebtheit stieß, mit der ich in einigen meiner theoretischen Aufsätze umzugehen versuchte (vgl. einige Texte zum Thema auf der Homepage).

Die große Herausforderung war die Begleitung von Frauen, die ein Kind oder einen Partner durch Suizid verloren hatten. Eine frühe Patientin meiner ersten Zeit war eine Kollegin, die ihren Sohn im Keller eigenhändig vom Strang abschneiden musste, ein spätere eine weit über sechzigjährige Frau, deren Mann sich nach langer Depression in einem Anbau des Hauses erhängte.

Die Erziehungs- und Herkunftsschicksale der Patienten waren grundverschieden: von Einzelkindern wie Geschwistern aus einer Reihe von neun überlebenden oder von tot geborenen, früh verstorbenen oder abgetriebenen Kindern. Die Schichtunterschiede bei der Herkunft waren breit gestreut: von Prekariat und bitterer Armut bis zu üppig betuchten Familien oder gar Konzerninhabern, entweder verwöhnten, karg vernachlässigten oder auch stolzen Selfmademen oder Selfmadewomen im Laufe von 45 Jahren Praxis.

Die »schmerzlichen Abschiede« gestalteten sich höchst variabel und lassen sich nicht in ein Schema bringen, sondern weichen meist ab von der in der Literatur vielfach diskutierten Idealform der Trennung mit gelungenem Abschluss.

Nicht verschweigen will ich zwei Suizide von Patienten: ein dreißigjähriger später Student, einziger Sohn eines im Rosenkrieg befindlichen Paares, der jahrelang umstrittene Kampfbeute gewesen war und mir außerdem verschwiegen hatte, dass er sich parallel noch in Therapie bei einer Kollegin befand, sein Kinderschicksal also in suizidaler Weise noch einmal inszenierte. Von einem zweiten Suizid eines ebenfalls ca. dreißigjährigen Mannes hörte ich erst lange Monate nach seinem Tod und empfand diesen als späten Rachehieb nach einer halbjährigen Therapie, die in seinem Erleben zum dritten Mal nach zwei vergeblichen Vorversuchen zu scheitern drohte.

Auf eine Rückfrage des wohl auf klassische Weise analysierten Verlegers, ob Einschübe von gestalttherapeutischen Elementen nicht zu einer Überstimulierung des Patienten geführt haben könnten, antworte ich sehr knapp mit erstauntem Kopfschütteln: Im Gegenteil, in lähmenden, schweren, abgewehrten Konflikten bedeuten diese eine die inneren, teilweise erstarrten Fronten entzerrende Inszenierung eine Entlastung. Denn die drückenden und oft unentwirrbaren konfusen Übertragungen können Stagnation bedeuten und ein vorzeitiges Ende. Die erstarrten Energien kommen wieder in intersubjektiv erlebbaren Fluss und können die Analyse retten. Die Patienten atmen oft beruhigt auf in der Rückschau auf einen ihnen irrsinnig und unauflösbar erscheinenden Familiendschungel – so dienen sie zur Entlastung beider Analysepartner. Auch die befürchtete »Unterstimulierung« oft so genannter »langweiliger Patienten« gewinnt meist wieder Farbe und Leben und kann sie vom unbewussten und ge-stauten Reichtum ihrer Seele überzeugen, ohne dass sie an sich oder am Therapeuten verzweifeln und abspringen. Hierzu gehört auch der in der Orthodoxie verbreitete uralte Verdacht, der gezielte Einsatz von angekündigter und vorbesprochener Berührung sei eine fehlerhafte Grenzüberschreitung und -verletzung und gefährde als solche bedrohlich die Arbeit und mit ihr den Patienten. Im Gegenteil: gewährter körperlicher Halt verstärkt die seelische Bereitschaft zum Konflikt und fördert den Mut zum therapeutischen Risiko.

Der von mir mehrfach gebrauchte Ausdruck vom »sich Einlassen« bedeutet die Annahme einer therapeutischen Bindung samt der möglichen Regression und der beginnenden Introspektion – eine Voraussetzung für einen wirksamen Heilungsprozess. Das sich Einlassen gilt für beide, wenn auch in intensiverer und oft mit Ängsten verbundener Weise für den Patienten, kann sich aber auch auf das seelische Engagement des Therapeuten beziehen. Beide Seiten empfinden das in unterschiedlicher emotionaler und atmosphärischer Form als den echten Beginn einer abenteuerlichen Reise in die oft aufwühlende Landschaft der seelischen Erkrankung und in der Hoffnung auf ein gutes Ende an einem noch weitgehend unbekannten Ziel.

Schlussgedanken

Der lange Weg der kritischen Revision des teilweise oder ganz Misslungenen hat sich gelohnt. Es ging ohne Scham und Angst vor Kritik und Entwertung. Wenn einzelne kollegiale Kommentare zu unfreundlich würden, lasse ich sie hoffentlich an mir abperlen und genieße das Aufatmen nach vollbrachter Tat. Es mindert ja nicht das zufriedene Gefühl, dass viele meiner Psychotherapien und Psychoanalysen auch geglückt sind, sodass ich mir, wie ganz am Anfang schon geschrieben, beruhigt als Gesamtnote eine *zwei bis drei* geben kann. Aber vor dem Alter von 80 Jahren hätte ich diesen Rückblick nicht geschafft, er ist das Geschenk eines gut verlaufenen Geburtstags mit dem Geschenk einer sich langsam sogar steigernden Freude am Beruf, wenn auch mit verminderter Stundenzahl. Es war wichtig, mich gelegentlich bei Fehlern zu entschuldigen, die Eigenleistung der Patienten im Nachverdauen vieler Stunden zu würdigen, Irrtümer einzugestehen, überschießenden Ehrgeiz zu bedauern. Es gelang mir, bei schwierigen oder chaotischen Wegstrecken wenig von mir zu geben an »Deutungsdreck«, um mein Selbstwertgefühl zu retten, wie er mir zwei Mal von meinen Therapeuten am Ende einer misslungenen Arbeit um die Ohren geflogen ist. Wenige Male musste ich mir eingestehen, dass meine Ungeduld und Unzufriedenheit mit den Fortschritten und mein Ärger über nicht sofort erkannte Provokationen und subtile Widerstände nach ihrem Abklingen kreativ verwenden konnte. Sie mussten schon durch den schwer kontrollierbaren Stimmklang wirksam geworden sein. Mein Lehranalytiker sprach ungeniert einen mir unerträglichen Satz zum Schluss aus: »Ich bin stolz darauf, dass ich mich bei der Arbeit nie geärgert habe.« Hatte ich ihn so wenig erreicht mit meinen manchmal gemeinen Manövern und Tauglichkeitsprüfungen? Wo war seine empfindliche und kränkbare Seele, die doch oft unübersehbar war bei unseren Kämpfen, oder war sie nur durch sein Verstummen zu erkennen, an der atmosphärischen Distanz, die gelegentlich eintrat? Oft musste ich – und konnte es meist auch – zugeben, dass ich willentlich abgeschweift war, wenn eine schmerzliche und beschämende Erinnerung mich heimgesucht hatte, ausgelöst durch ein Thema aus der ganz aktuellen Phase der Arbeit. Manchmal geschah es in einer Beziehungskrise mit ihm, aus Langeweile oder Übermüdung. Langweile kann ein so sicheres Indiz sein für eigene Widerstände oder die des Patienten, für eine Stagnation oder ein Übergehen eines noch unbewussten oder gefürchteten Themas.

In Supervisionen kommt es immer wieder vor, dass man einen Kollegen fast trösten oder beruhigen muss, wenn er sich Fehler oder Unsicherheiten nicht gut verzeihen kann, und wenn man ihm Mut machen muss, dass aus einer schmerzlichen Katastrophe, wenn man sie verstehen und einordnen kann, ein Segen werden kann, ein aufatmendes Weitermachen mit neuen Einsichten. Wenn dieses Buch ebenfalls Mut machend wäre, sich mit dem Misslingen oder nur halben Gelingen aktiv auseinanderzusetzen, hätte sich die Mühe gelohnt. Mit vertrauten Kollegen in einer vertrauten Intervision ist dies ohne Zweifel leichter. Deswegen kann man für ein solches, oft hart erarbeitetes Geschenk nur dankbar sein.

Der Frankfurter Verlag für Psychoanalyse

Der bekannte Psychoanalytiker Tilmann Moser führt sensibel und differenziert durch Fallgeschichten, die uns so fern nicht sind. In der weiblichen Generationenfolge finden wir sowohl Kraft als auch Leid, Resignation und psychosomatische Fixierungen. Uns werden eindrückliche Frauenschicksale lebendig vor Augen geführt.

Der Schwerpunkt liegt auf den Veränderungsprozessen, die Moser und die Patientinnen zusammen in die Wege leiten. Moser beeindruckt durch seine in Jahrzehnten gewachsene psychoanalytisch-körpertherapeutische Erfahrung.

»(...) Moser verweist eindringlich auf die Notwendigkeit, in der Therapie immer auch nach den Großeltern zu fragen, um Zugang zu transgenerationalen Konflikten zu bekommen. (...) Bei Moser stehen die schmerzhaften Verbindungen im Vordergrund. Doch er schreibt darüber so gelassen, berührbar und, ja, spannend, dass der Erkenntnisgewinn bei der Lektüre (...) überwiegt.« (Gabriele Michel, Psychologie heute)

Tilmann Moser

Großmütter, Mütter und Töchter

Psychoanalytisch-körpertherapeutische Fallgeschichten

180 S., Pb. Großoktav,
€ 19,90
ISBN 978-3-95558-114-5

»Mosers Buch überzeugt mich durch seine authentische, schlichte und dennoch komplexe Darstellungsweise von der Arbeit mit Menschen, deren Schicksale den lange Erfahrenen bewegen, ihn offen reflektieren lassen, auch über sich und seine eigenen Schwächen und Fehler.« (Bea Schild, »punktum«, Schweizerischer Berufsverband für Angewandte Psychologie)

»Ein interessantes und sicher insbesondere für ›Moserfans‹ auch sehr lesenswertes Buch. Es beeindruckt, wie sehr Moser einen Einblick in sein eigenes Berührtsein gibt und z. T. auch seine eigenen Ärgerimpulse thematisiert.« (Barbara Bräutigam, socialnet Rezensionen)

Der Frankfurter Verlag für Psychoanalyse

Tilmann Moser steht für die kreative Verbindung von Psychoanalyse, Gestalt- und Körpertherapie. Er möchte mit diesem Werk eine Tür öffnen für ein Verstehen an der Sprachgrenze. Denn für das klinische Verständnis ist es unabdingbar, die emotionalen körperlichen Reaktionen und Zeichen im Psychotherapeuten mit einzubeziehen. Das führt dann zu einer erweiterten Empathie im therapeutischen Prozess.

Psychotherapeuten und Psychoanalytiker hinter der Couch hörten lange Zeit wenig über die präpsychischen und psychischen Vorgänge in Säuglingen. Sie mussten weit weg von der noch nicht vorhandenen Sprache aufgenommen, vermutet oder konstruiert werden. Seit der Säuglingsforschung wissen wir mehr. Der Säugling gibt der Mutter ausreichend Zeichen für ihren Umgang mit ihm und ermutigt sie, ihn richtig wahrzunehmen, zu behandeln und sein Gehirn wie sein wachsendes Körperselbst anzuregen, bis ein auch sprachlich kompetentes Selbst entstehen kann.

Tilmann Moser

Verbal – Präverbal – Averbal

Psychotherapie an der Sprachgrenze

»*So entstand ein hoch lobenswertes und beispielgebendes Praxis-Beispielbuch zur Bewältigung des psychoanalytisch-körpertherapeutischen Alltags für die Kollegenschaft und – unser Patientenwohlbefinden.*« (Marga und Walter Prankl, Kultur-Punkt.ch)

»*Moser behandelt den erinnerten, mentalisierten, symbolischen und berührbaren Leib, aber auch die Ethik der Berührung in der Psychotherapie. In den Fallgeschichten des neuen Buches gibt er Einblick in seine Arbeitsweise. Tilmann Moser ist ein beherzter, zupackender, beredter, aber auch unbequemer und trotzdem warmherziger Therapeut, der die Psychoanalyse um die Auseinandersetzung mit dem Körper auf der Couch bereichert hat.*« (Konstanze Zinnecker-Mallmann, Deutsches Ärzteblatt PP)

228 S., Pb. Großoktav, € 29,90
ISBN 978-3-95558-235-7

Der Frankfurter Verlag für Psychoanalyse

Ulrike Kadi / Sabine Schlüter / Elisabeth Skale (Hrsg.)

Psychoanalyse – nicht ohne meinen Körper

Sigmund-Freud-Vorlesungen 2019

248 S., Pb. Großoktav,
€ 29,90
ISBN 978-3-95558-291-3

Der Körper ist ein Ort der Manifestation von Lust wie von Schmerz. Und er ist ein soziales Organ. Im Ausgang von der infantilen Sexualität haben sich Zonen von Lust und Unlust auf dem Körper gebildet. Schon früh fungiert er als narzisstischer Bezugspunkt. Seine phantasmatische Anatomie betrifft das Geschlecht eines Subjekts und dessen sexuelle Präferenzen. Für die Psychoanalyse ist der Körper nicht mehr und nicht weniger als eine nicht selten symptomtragende Facette des psychischen Apparats, die in enger Weise mit dem Ich verbunden ist.

Von anderen wissenschaftlichen und künstlerischen Zugängen zum Körper kann die Psychoanalyse Neues, Spannendes, auch Kontroverses erfahren. Daher wird der Körper in diesem Band aus klinischen, metapsychologischen, philosophischen und kulturtheoretischen Perspektiven untersucht.

Der Frankfurter Verlag für Psychoanalyse

Sebastian Leikert

Das sinnliche Selbst

Das Körpergedächtnis in der psychoanalytischen Behandlungstechnik

308 S., geb Großoktav,
€ 34,90
ISBN 978-3-95558-216-6

»Er schreibt nicht über Neurosen, die mit den herkömmlichen Instrumenten von durchdachter Übertragung und Gegenübertragung lege artis zu kurieren wären, sondern über traumatische Störungen, die das vitale Körperselbst außer Funktion gesetzt haben. Was er erlitten und gefunden hat sind neue Zugänge zu den ›eingekapselten Missempfindungen‹ ohne die so wünschenswerte Symbolisierungen, die die Sprache zum Hauptinstrument der Genesung macht.«

(Tilmann Moser)

»Besonderen Stellenwert weist Leikert den sensorischen Eindrücken zu und sieht das Selbst des Menschen fundiert im Sensorischen und Kinetischen Repräsentationen. Hierfür findet er den sehr schön überzeugenden Terminus sinnliches Selbst, was auch dem Buch seinen Titel gegeben hat.

Das Faszinosum der Begegnung mit diesen Kernen des Selbst, also den Kernen des Lebendigseins und auch den Kernen des Krankseins ist in seinem Text und insbesondere in seinen Fallbeispielen jederzeit spürbar. Leikerts neue Arbeit ist ein wertvoller Beitrag, die Psychoanalyse aus ihrer Einengung auf Bewusstes und Kognitives zu befreien und sie um die Dimensionen des Sinnlichen zu erweitern. Er unternimmt diese Fortentwicklung des Modells mit überzeugender klinischer Kompetenz und mit beeindruckender modelltheoretischer Sorgfalt. Leikert ist ein großartiger Kliniker und Theoretiker.«

(Reinhard Plassmann, Tübingen)

Brandes & Apsel

Jörg M. Scharff

Die leibliche Dimension in der Psychoanalyse

208 S., 14,5 x 20,7 cm, Hardcover mit Fadenheftung und Lesebändchen, € 19,90, ISBN 978-3-86099-678-2

»Endlich ist es so weit: Jörg Scharff, der sich in den letzten Jahren einen Namen gemacht hat (…), gibt ein eigenes Buch heraus. (…) Scharff ist Psychoanalytiker mit Leib und Seele, aber er ist einer derjenigen, die über den Tellerrand hinausschauen. (…) weit mehr als eine Sammlung von Aufsätzen (…) klare, aber zugleich gut verstehbare psychoanalytische Sprache (…) Scharffs Verständlichkeit ist beeindruckend, ja vorbildhaft und verweist auf ein feines Gespür, was man dem Leser zumuten kann.«

(Peter Geißler, Psychoanalyse & Körper)

Jörg M. Scharff

Psychoanalyse und Zwischenleiblichkeit

Klinisch-propädeutisches Seminar

144 S., Hardcover mit Fadenheftung und Lesebändchen, € 19,90, ISBN 978-3-95558-287-6

Welche Bedeutung kommt derDimension des Zwischenleiblichen in der psychotherapeutischen Situation zu? Wird doch oft das, was uns unmittelbar auf den Leib rückt, aus dem bewussten Gewahrsein herausgefiltert, weil es uns damit konfrontiert, dass das Ich eben doch nicht autonom ist. Ist es möglich, die Aufmerksamkeit für das zwischenleibliche Geschehen in der psychotherapeutischen Situation zu schulen? Diesem Komplex widmet sich das Buch von Jörg Scharff auf innovative und fachlich-kompetente Weise.

Unseren Psychoanalysekatalog erhalten Sie kostenlos:
Brandes & Apsel Verlag • Scheidswaldstr. 22 • 60385 Frankfurt am Main
info@brandes-apsel.de • www.brandes-apsel.de